Le tarot de

La bonne aventure

Lady Lorelei

le Tarot

de la Bonne Aventure

ÉDITIONS FRANCE LOISIRS

Titre original de cet ouvrage :
GYPSY FORTUNES

Traduction-adaptation :
Sylvaine Charlet

Édition du Club France Loisirs, Paris
Avec l'autorisation des Éditions Solar

Éditions France Loisirs,
123, boulevard de Grenelle, Paris
www.franceloisirs.com

ISBN : 2-7441-8368-7
N° éditeur : 42453
Dépôt légal : août 2005

Préparation et mise en pages : Dédicace, Villeneuve-d'Ascq
Imprimé en Chine

sommaire

INTRODUCTION

Le Tarot de la Bonne Aventure est une initiation à la traditionnelle divination par les cartes des bohémiennes grâce à un jeu de 36 cartes. Celles-ci sont à but essentiellement divinatoire et ne peuvent servir de jeu de société. Leur graphisme délicat et coloré donne à chacune la valeur d'un talisman puissant ouvrant sur la connaissance et la sagesse.

Ce livre a pour ambition de vous introduire à l'ancienne cartomancie des bohémiennes. Vous y découvrirez, pour chaque carte, son symbolisme et son interprétation, ainsi que les différentes façons d'effectuer des tirages. Les tirages à une seule carte sont rapides, faciles et très utiles. Deux cartes ou plus répondent à des questions plus spécifiques, et rien ne vous empêche de créer vos propres tirages. Ce qui rend unique cet ouvrage est la liberté qu'il donne au débutant d'inventer sa technique personnelle. La divination est une science intuitive et l'importance des symboles attachés aux cartes est déterminée autant par l'approche émotionnelle de l'adepte et du consultant lors du tirage, que par la situation évoquée et l'instinct du cartomancien.

L'interprétation est fondée sur la définition, la description et la signification des cartes, ainsi que sur la configuration des tirages. Mais ce n'est là qu'une approche possible. Comme les bohémiennes, vous trouverez vite votre propre façon de tirer les cartes et de les interpréter, vous développerez votre sensibilité et votre intérêt pour cet art divinatoire ancestral, et vous prendrez de plus en plus confiance en vous.

MARIE-ANNE LENORMAND

Les illustrations des cartes des bohémiennes ont pour auteur la fameuse cartomancienne Marie-Anne Lenormand qui avait créé son propre jeu. Elle est restée célèbre pour les prédictions qu'elle fit à Joséphine de Beauharnais, en lui déclarant qu'elle ren-

Original du tarot divinatoire édité par Whitman Publishers.

contrerait et épouserait un soldat qui, plus tard, ferait d'elle une impératrice. Ce soldat n'était autre que Napoléon Bonaparte. En 1807, Joséphine persuada Napoléon de se laisser lire les lignes de la main par Mlle Lenormand qui lui prédit alors son divorce et décrivit nombre de ses goûts et traits de caractère.

Mlle Lenormand et les tarots des diseuses de bonne aventure

Mlle Lenormand a rédigé au moins un ouvrage sur ses expériences de cartomancienne. Les sceptiques aiment le qualifier de « pas sérieux » parce que les prédictions qu'il contient auraient été faites après les événements. Pourtant, lorsqu'en 1843 Mlle Lenormand meurt, la rumeur se répand qu'elle aurait laissé un manuscrit contenant le graphisme d'un jeu de cartes avec leur symbolique et leur signification. Peu après, de nombreux fabricants de cartes en Europe accolèrent son nom à leurs produits.

En 1898, Camille Lenormand, la petite-nièce de Marie-Anne, publia chez Wehman un manuel de « cartomancie facile », qu'elle affirme avoir hérité de sa grand-tante. En 1940, les éditions Whitman sortent un jeu de 36 cartes, de « tradition tzigane », sans figures ni couleurs, mais composé d'images sensiblement similaires à celles qu'avait créées Mlle Lenormand. Le jeu présenté ici est une simplification de ces mêmes illustrations afin de rendre l'interprétation plus claire et plus intuitive. Les cartes divinatoires des bohémiennes possèdent un haut et un

On peut aussi prédire l'avenir en regardant dans une boule de cristal.

Les bohémiennes ont longtemps
été associées à la divination et au tarot.

bas, ce qui les rend réversibles. Si l'on en croit la méthode exposée dans le livre de Camille Lenormand, ces positions renversées seraient nécessaires au travail de prédiction.

Les aventures des bohémiens

Beaucoup de gens entretiennent l'idée que les bohémiens sont de vulgaires voleurs et des diseuses de bonne aventure arpentant les routes dans des caravanes bariolées et brinquebalantes. On ignore généralement le passé riche et complexe de ce peuple, et la discrimination dont il est victime est toujours d'actualité dans maintes régions.

On pense que les bohémiens (ou Tziganes, ou Roms comme ils se nomment eux-mêmes) sont originaires du nord-ouest de l'Inde d'où ils sont partis pour se diriger vers la Perse. En dépit d'innombrables persécutions tout au long des siècles et après avoir traversé tous les pays du Moyen-Orient, ils sont parvenus vers 1700 en Europe où ils se sont dispersés un peu partout. En tant que communauté, ils représentent « l'étranger » type dont il faut se méfier, car il introduit dans la société un élément inquiétant. Pour survivre, ils sont parfois obligés d'incarner les projections psychologiques compliquées dont ils font l'objet et deviennent des arnaqueurs, des menteurs et des voleurs.

Leur histoire regorge de chapitres sanglants. On estime à 1,5 million le nombre de bohémiens exterminés dans les camps nazis. La mauvaise image qu'on ne cesse d'alimenter à leur propos ne fait que renforcer les attributions et les stéréotypes négatifs qui leur collent déjà à la peau.

Plusieurs théories s'affrontent quant au lien qui existerait entre les bohémiens

et le tarot, ce jeu de 78 cartes utilisé comme jeu de société et comme support de divination. Des spécialistes affirment que l'art divinatoire des bohémiennes consistait surtout à lire les lignes de la main. D'autres pensent que ce peuple aurait rapporté d'Inde des disques gravés – une version du chaturanga, précurseur du jeu d'échecs. De nombreux ouvrages relient l'origine du tarot de 78 cartes et du jeu de 52 cartes aux pérégrinations des bohémiens. Les premières références aux cartes sont des documents interdisant, vers la fin du XIVe siècle, leur usage à Vienne et à Florence, ce qui indique qu'ils étaient déjà très populaires en Europe.

Il faudra donc tenir compte des particularités spécifiques de la perception du monde par les Roms, peuple nomade. Les intempéries, la durée du jour et du clair de lune, ou l'aptitude à juger rapidement du caractère et de la situation d'un inconnu, sont par exemple d'une importance vitale. Et certaines vérités reviennent sans cesse. Les cartes des bohémiennes offrent en effet un panorama presque exhaustif de clefs ouvrant sur des vérités universelles que connaissent bien ceux qui savent observer.

Les cartes

Dans les années 1940, lorsque le premier jeu de cartes bohémien fut publié par les éditions Whitman, on considérait encore le fait de se faire prédire l'avenir comme un acte marginal digne des seuls désespérés. Heureusement, à l'heure actuelle, la divination est devenue une profession reconnue et une science métaphysique. Les cartes divinatoires sont enfin perçues comme d'utiles moyens d'introspection à des fins de méditation et de développement personnel. On assiste à une évolution des jeux divinatoires qui deviennent, alors que l'individu est mis en présence de choix multiples et d'options illimitées, des outils de la pensée critique et du pouvoir décisionnaire.

De plus en plus de gens aspirent à trouver conseils et sagesse auprès de devins, de mages et de cartomanciens. Ce livre vous offre l'opportunité de vous initier à cet art merveilleux de la divination, pratiqué par les bohémiennes depuis des milliers d'années.

La fascination qu'exercent le mysticisme et l'inconnu se reflète dans l'intérêt grandissant pour le tarot, les boules de cristal et les lignes de la main.

préparation avant tirage

Quand vous aurez bien étudié les cartes (voir pages suivantes) et que vous sentirez que votre conscient et votre inconscient se sont familiarisés avec leurs symboles, vous serez prêt à les interpréter. Commencez par le tirage avec une seule carte, ensuite seulement vous passerez à deux puis à trois. Vous pourrez alors commencer à concevoir vos propres tirages avec le nombre de cartes que vous voudrez. La manière la plus simple d'effectuer un tirage est d'étaler les cartes sur une surface plane, propre et non encombrée, de préférence recouverte d'un velours parce que c'est doux au toucher et que les cartes y sont faciles à prendre. À vous de créer votre espace de confort et de sérénité, pour vous aider à capter la voix de votre intuition.

battre et couper

Avant tout tirage, les cartes doivent être battues pendant un temps qui permet au devin comme au consultant de se concentrer sur la question. Couper est aussi une autre façon de mélanger les cartes, ou même une étape qui permet de sortir une ou plusieurs cartes. Camille Lenormand insiste sur le fait qu'il faut procéder de la main gauche parce qu'elle est reliée au cœur.

Il est intéressant de noter qu'en acupuncture chinoise il existe aussi un lien entre le cœur et l'annulaire de la main gauche.

Les cartomanciens modernes tendent à élaborer leur propre technique pour battre et couper, et décider quand et où faire intervenir la main dominante. Chaque praticien doit repérer ce qui est le mieux pour lui. Vous pouvez battre et couper jusqu'à ce que vous ressentiez de l'énergie dans les mains. Certains battent les cartes trois fois, alors que d'autres les étalent toutes sur la table pour les mélanger avant de les rassembler en désordre.

Quand vous avez fini de battre, vous pouvez prendre la carte du dessus du paquet, ou étaler le jeu en éventail et sortir celle du

1

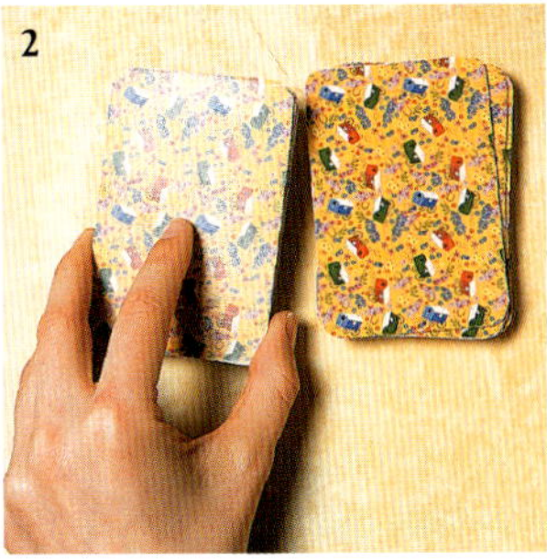
2

3

tirage quotidien avec une carte

Il est essentiel d'acquérir de bonnes bases pour les tirages avec une seule carte. La carte unique est une ouverture sur l'inconscient collectif et chaque carte peut répondre à une question de mille manières, avec différents niveaux de signification et d'interprétation.

1. Concentrez-vous sur une question précise qui demande réponse, puis battez les cartes du tarot.
2. Coupez le jeu de la main gauche parce que celle-ci est réputée être reliée au cœur.
3. Retournez la carte du dessus : vous avez la réponse à votre question.

milieu ou tirer celle du dessous. Écoutez toujours votre voix intérieure.

Avant d'effectuer un tirage, souvenez-vous que l'interprétation que vous en ferez ne sera valable que pour un moment particulier dans le temps. Les cartes sélectionnées reflètent les énergies et les données du passé, du présent et du futur. Si le futur est toujours susceptible de changer et le passé sujet à réflexion et à relecture, le présent est flottant, car l'individu dispose de son libre arbitre et peut modifier à tout moment ses décisions. C'est pourquoi toute prédiction peut se transformer avec le temps.

exercice

Après avoir battu les cartes, tirez-en une quotidiennement en posant chaque fois la même question.
Faites cela pendant une période déterminée (une semaine ou un mois), en tenant un journal pour noter chaque jour la carte et ce qu'elle indique. Vous serez étonné de voir combien de fois une même carte revient. Au bout d'un certain temps, vous pourrez saisir ce que les cartes ont à dire à propos de la question posée. En relisant vos notes, essayez d'évaluer si la signification de chaque carte a pris plus de clarté et de pertinence.

exemples de tirages

Bien maîtriser le tirage avec une carte est la base qui vous permettra ensuite d'aborder tous les autres types de tirages jusqu'au grand jeu qui implique l'ensemble du paquet.

tirage avec une carte

QUESTION : Sur quoi ai-je besoin de me concentrer aujourd'hui ?

CARTE TIRÉE : Les Nuages (carte 20)

INTERPRÉTATION

★ Première idée : je me renseigne sur la météo. On annonce deux perturbations au-dessus de l'Atlantique avec avis de tempête. La carte représente des nuées tourbillonnantes mi-sombres, mi-claires qui s'élèvent tel un ouragan.

★ Autre interprétation : j'ai besoin de cesser de me focaliser sur ce qui est sous mon nez. Peut-être devrais-je m'attacher à des sujets plus spirituels comme la religion, la prière ou la méditation.

★ Autre possibilité : tout nuage est suivi d'une éclaircie. Si j'ai l'impression d'avoir un gros nuage noir au-dessus de la tête, c'est parce que je ressens de la pression ou du désespoir : il faut chercher le bon côté des choses pour rendre la situation positive.

Ces trois idées ont surgi spontanément en vous. Regardez à présent la signification proposée dans ce livre.

★ « Je désire et j'imagine. »

Combinez toutes ces idées pour rédiger une histoire ou un essai.

★ Ce sur quoi je dois me concentrer aujourd'hui est mon imagination. À moi de mettre à profit l'énergie créatrice des Nuages pour lancer des projets ou travailler à une entreprise créative, ou encore prendre plaisir à un beau spectacle créé par d'autres. Les Nuages m'invitent à saisir ce que les ouragans signifient pour moi. Ils me font comprendre que je ne suis pas le maître des intempéries, et me rappellent qui l'est. Je ne gère pas non plus les petits ennuis que je rencontre sur ma route chaque jour mais je dispose de ce choix : voir le mauvais côté des choses, ou bien chercher la face ensoleillée des nuages.

révision d'un tirage avec une carte

Avant de vous endormir, prenez le temps de revoir mentalement votre journée et de la comparer aux notes prises lors du tirage quotidien. Votre première impression est-elle confirmée ? La troisième idée, qui a été choisie, s'est-elle révélée plus exacte ? Ou bien pensez-vous vous être davantage rapproché de ce qui s'est passé à travers votre narration ?

Travailler de la sorte (tirage puis révision le soir) aiguise votre intuition et vous apprend à maîtriser le sens des cartes. Ce livre doit être votre guide et votre référence. Au fur et à mesure de la pratique, vous constaterez que vous élaborez votre propre registre de définitions et de significations pour certaines cartes.

autres exemples de questions pour le tirage journalier

Comment puis-je devenir meilleur cartomancien ? Qu'est-ce que l'univers veut que j'apprenne ? De quoi ai-je besoin aujourd'hui ? Que puis-je apporter à mon existence pour qu'elle soit un festival de beauté et de grâce ?

tirage oui/non avec une carte

QUESTION : Vais-je garder mon emploi actuel ?

☞ CARTE TIRÉE : Les Clefs (carte 4)

☞ INTERPRÉTATION

★ Premier élément à préciser pour une interprétation par oui/non : ressentez-vous la carte tirée comme positive, négative, les deux ou rien ? Je considère les Clefs comme une carte très positive – une clef ouvrant sur des possibilités illimitées. Pour moi, la réponse est oui. Le Miroir brisé (carte 33) sera non ; les Nuages (carte 20) peut-être.

★ Si certaines cartes se retrouvent renversées, une carte droite signifiera oui, et renversée non.

Cette carte m'indique également pourquoi c'est la bonne décision.

★ Il m'a fallu des années pour en arriver là. J'ai eu le temps de forger mes armes et je récolte à présent des bénéfices mérités. Quitter ce poste serait renoncer à tous mes acquis – connaissances, expérience et aptitudes – c'est-à-dire toutes mes clefs.

tirage oui/non avec deux cartes

QUESTION : Vais-je rencontrer X à telle heure ?

CARTES TIRÉES : Le Cochon (carte 8) et l'Ancre (carte 22)

Méthode 1

Comme pour le tirage avec une seule carte, la réponse sera positive ou négative selon la nature des cartes tirées.

INTERPRÉTATION

★ Le Cochon est une carte très positive, un oui, mais l'Ancre possède les deux connotations, oui et non, c'est-à-dire peut-être. La réponse est donc peut-être oui.

★ Les deux cartes semblent dire pourquoi la rencontre aura probablement lieu à l'heure fixée. Le Cochon me rappelle que nous avons pris rendez-vous pour échanger nos travaux et discuter de sujets ésotériques, même si le prétexte consiste à partager un repas. Nous contribuons chacun au développement de l'autre en soutenant positivement ce qu'il fait. L'Ancre me rappelle qu'il faudra faire un effort pour se souvenir du lieu de rendez-vous – un peu comme il faut faire effort pour tirer une ancre jusqu'au sommet d'une colline. En effet, nous avons une multitude de choses à penser et risquons d'oublier le rendez-vous. Pourtant, nous accomplirons de bonne foi cet effort.

Méthode 2

Donnez des définitions spécifiques selon l'ordre de sortie des cartes.

Position 1 = la réponse (ici le Cochon, carte 8)

Position 2 = le pourquoi (l'Ancre, carte 22)

INTERPRÉTATION

★ Le Cochon étant positif, la réponse est oui. L'Ancre indique que la plupart de nos activités sont « bloquées » et amarrées. Nous devons interrompre nos activités pour nous rendre à ce rendez-vous. Je suis conscient qu'il va falloir batailler pour s'y rendre, soit à cause du mauvais temps, soit parce que l'un de nous traîne une ancre pesante – retard ou autre engagement. Mais, en fin de compte, ce sera un rendez-vous très positif.

Vous pouvez utiliser les deux méthodes à la fois, en interprétant les cartes des deux façons combinées. Interpréter, cela ressemble un peu à observer un objet sous des angles différents.

tirage oui/non avec trois cartes

QUESTION : Suis-je sur le bon chemin ?

CARTES TIRÉES :

Le Coffre-fort (carte 36) – prospérité

La Lettre (carte 13) – nouvelles

La Maison (carte 3) – permanence

Méthode 1

Décidez du caractère positif ou négatif des cartes d'après vos impressions et additionnez les résultats.

INTERPRÉTATION

★ Pour moi, le Coffre-fort et la Maison sont de solides symboles de prospérité, de sécurité et de confort ; la réponse est donc oui. La Lettre signifie peut-être : on ignore ce que contient la lettre que la femme lit avec tant d'attention – bonnes ou mauvaises nouvelles ? Au total : deux oui et un peut-être – j'ai donc toutes les chances d'être sur la bonne voie.

★ Une période incertaine et stressante génère souvent une tendance à douter de soi et à souhaiter un changement vers un mieux. La Lettre m'encourage à rechercher de nouvelles opportunités dans les petites annonces. Pourtant le Coffre-fort me rappelle que j'ai des économies en banque, et la Maison semble indiquer que je me trouve au bon endroit au bon moment. Je suis chez moi. Pourquoi changer et partir ailleurs ?

Méthode 2

Donnez des valeurs selon l'ordre de sortie.

Le Coffre-fort (carte 36) en N° 1 – oui

La Lettre (carte 13) en N° 2 – non

La Maison (carte 3) en N° 3 – peut-être

INTERPRÉTATION

★ La position du oui est ici confortée parce qu'elle est occupée par le Coffre-fort : je suis sur le bon chemin et, si je m'y maintiens, j'obtiendrai la sécurité financière et la prospérité.

★ La position du non est donnée par la Lettre avec ses incertitudes : je dépends de nouvelles ou d'informations. C'est une carte négative quand elle sort en position non ; mais la double négation (position + carte) donne une réponse positive. Si le Coffre-fort avait occupé la position non, la réponse aurait été un non final.

★ La position peut-être repose sur la Maison. Cette carte forte et stable qui exprime la permanence et le confort m'indique que je suivrai mon chemin avec force et constance et vaincrai tous les obstacles.

tirages plus complexes

Vous pouvez utiliser les principes exposés jusqu'ici pour effectuer des tirages plus spécifiques. Une bonne façon d'ajouter plus de clarté au tirage est d'étendre la pratique qui consiste à assigner une valeur aux cartes selon leur ordre de sortie. Par exemple, décidez quelles positions renverront au passé, au présent et au futur, ou bien au corps, au mental et à l'âme.

Si vous souhaitez déterminer la « nature profonde » d'un tirage, peu importe le nombre de cartes en jeu, effectuez la carte « surprise » de Camille Lenormand (ci-dessous).

La Surprise de Camille Lenormand.
Battez et étalez toutes les cartes face contre table en gardant jusqu'à la fin une carte surprise à interpréter : voyez alors ce que cette carte apportera à l'ensemble.

jeux de trois cartes

La personne

Corps ★ Mental ★ Âme

J'ai besoin de... penser ★ ressentir ★ faire

Vous ★ La Relation ★ L'Autre

Les choix

Option A ★ Option B ★ Option magique

Ce que vous... voulez ★ avez besoin ★ obtenez

Le bon choix ★ Un autre Choix ★ Le meilleur Choix

Le Temps

Passé ★ Présent ★ Avenir

Premier ★ Second ★ Troisième – événement ou étape

Un ★ Trois ★ Six Mois – ou autre système de calcul

La situation

Situation ★ Obstacle ★ Résultat

Situation ★ Action ★ Résultat

Thèse ★ Antithèse ★ Synthèse

méditations sur les défis

Il existe deux façons de travailler sur les défis évoqués par chaque carte.

La première consiste, en même temps que vous étudiez et mémorisez les cartes, à vous demander à quel problème elles se rapportent : regardez bien chaque carte et notez vos réflexions dans un journal. Le défi suggéré ouvre une porte sur le sens et les symboles de la carte. Si la réponse ne vous saute pas aux yeux, vous aurez probablement envie de travailler sur cette carte plusieurs jours de suite ou au long de plusieurs séances de méditation. Trouver le défi évoqué par une carte vous aidera à mieux comprendre et vous-même et les symboles de cette carte.

La deuxième manière est de vous poser un problème et de laisser les cartes, en sortant, vous parler de vous en rapport avec ce problème.

méditation sur un problème avec une carte

Choisissez un problème sur lequel vous voulez travailler ou qui vous préoccupe. Battez puis coupez les cartes. Sortez-en une du paquet puis interprétez comment cette carte répond au problème et de quelle manière celui-ci est relié à vous.

QUESTION : Comment vais-je occuper mon temps aujourd'hui ?

☞ CARTE TIRÉE : La Lettre (carte 13)

☞ INTERPRÉTATION

★ Ma première impression est que je vais me tracasser toute la journée. Tellement de gens vont me contacter (rendez-vous, courrier, e-mail ou téléphone) que je vais me demander s'ils ne le font pas exprès et quelles sont leurs motivations. La carte évoque par ailleurs une certaine attitude : c'est par négligence que l'enveloppe est tombée à terre. Je me sens mal à l'aise.

★ Je peux pourtant laisser les choses suivre leur cours naturel et ne pas en faire une maladie. Pourquoi ne pas rester détendu et profiter de la journée comme elle vient en appréciant chaque moment comme une opportunité formidable ?

méditation sur un problème avec deux cartes

Battez et coupez. Sortez deux cartes. Retournez la première. Analysez le problème associé à cette carte et méditez. Quelle est votre réponse à ce problème et pourquoi ? Lorsque vous avez atteint une claire vision du défi, retournez la seconde carte : interprétez ce qu'elle apporte de plus à la réponse au défi évoqué par la première.

QUESTION : Comment puis-je me tirer de cette affaire ?

La carte 1 évoque le problème (le Train – carte 34 – où vais-je ?)
La carte 2 donne la réponse (l'Éclair – carte 32)

INTERPRÉTATION

★ Ma vie routinière et les buts que je me suis volontairement donnés, tels les horaires immuables des trains, me donnent tout à coup des angoisses qui me frappent comme l'éclair. L'expression « dur réveil » peut s'appliquer à moi. La seule façon de me protéger de l'énergie fulgurante de l'Éclair est de changer radicalement de projet et d'existence. Or, il est difficile d'éviter cette brûlure ou même de s'y préparer, sauf si je prends soin de moi et reste convaincu que tout changement se fera pour un mieux. Ce type d'avertissement n'est qu'une demi-bénédiction mais rien ne dit que ce tournant brusque ne sera pas un changement des plus heureux, après tout.

synthèse des tirages

Au fur et à mesure que vous vous exercerez avec des jeux de plus en plus complexes, vous éprouverez peut-être le besoin de résumer par écrit vos tirages. Vous avez déjà fait la liste des définitions et des symboles qui interviennent dans une interprétation, et associé chaque carte au consultant et à sa question. Mais parallèlement à cette somme de détails, vous souhaitez qu'un résumé offre une vision concise et rapide des points principaux de votre « lecture ». Reprenez la question du début et répondez-y directement. Par exemple, dans le tirage avec une carte, ce sur quoi j'ai besoin de me concentrer aujourd'hui est mon imagination, afin de garder un esprit en alerte et de ne jamais perdre de vue que j'ai le choix dans ma façon de percevoir les événements de la journée.

Développement des tirages

À présent que vous connaissez différentes formulations de questions, les tirages les plus simples et la signification des positions, prenez le temps de vous familiariser avec toutes ces données en pratiquant. Vous pourrez tout doucement ajouter à vos tirages d'autres cartes et leurs positions, comme autant d'aspects supplémentaires au problème posé. Vous en arriverez vite à créer des tirages complexes.

Décidez exactement de ce que vous voulez savoir sur un problème ou une situation avant de poser votre question. Écrivez-le et assignez des positions de cartes à chacun de ces aspects. Arrangez les positions des cartes par ordre d'importance et regroupez-les par catégories. Par exemple, le sujet principal du tirage (le plus souvent vous ou le consultant) se situe au centre, les autres cartes venant à côté ou à proximité. Les cartes du passé peuvent se placer à gauche, celles du futur à droite. Commencez avec des configurations simples sur une seule ligne. Plus tard vous étalerez vos jeux en arc de cercle ou en colonnes, ou vous observerez des structures irrégulières mais qui seront signifiantes pour vous. Notez-les toutes afin de vous constituer un répertoire utile et personnel.

Manifestez toujours votre plus profond respect envers les énergies avec lesquelles vous travaillez lorsque vous lisez dans les cartes. Recherchez le bien de tous dans chaque interprétation.

Quand vous effectuez un tirage, étudiez chaque carte et pénétrez-vous de son symbolisme et de sa signification jusqu'à ce que votre intuition parle.

Ce jeu est une re-création du tarot tzigane édité par Whitman Publishers et inspiré originellement par le tarot de 36 cartes de Marie-Anne Lenormand. La description des cartes Whitman originales sera résumée dans les pages suivantes sous la rubrique « Indication générale ». Le symbolisme des illustrations de chaque carte est adapté à notre monde moderne. Viennent ensuite plusieurs interprétations divinatoires et leur explication. Si la carte sort renversée (la tête en bas), la signification subit des variations. Toutes les cartes nous questionnent d'une certaine manière et les défis qu'elles évoquent forment un inventaire de 36 questions possibles sur lesquelles travailler et méditer à des fins de progrès personnel. Ce tarot est plus performant comme outil générateur de solutions que comme support de prédiction pure. Quand vous êtes confronté à un problème, une simple carte peut vous aider à analyser de nouvelles options ou idées, c'est-à-dire à élargir votre horizon.

Les cartes

1

Le Soleil
page 22

2

La Lune
page 24

3

La Maison
page 26

4

Les Clefs
page 28

5

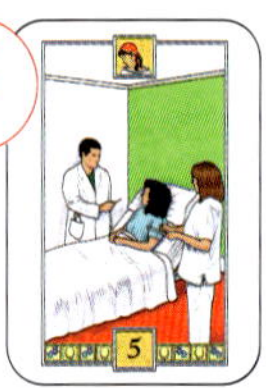

Le Malade
page 30

6

Les Fleurs
page 32

7

La Faux
page 34

8

Le Cochon
page 36

9

Le Renard
page 38

10

Les Enfants
page 40

11

Le Serpent
page 42

12

Le Cavalier
page 44

13

La Lettre
page 46

14

La Reine
page 48

15

Le Roi
page 50

16

Les Lis
page 52

17

La Cigogne
page 54

18

L'Anneau
page 56

19

La Poignée de Mains
page 58

20

Les Nuages
page 60

21

Le Chien
page 62

22

L'Ancre
page 64

23

La Souris
page 66

24

La Punition
page 68

25

Le Trèfle
page 70

26

L'Étoile
page 72

27

Les Chats
page 74

28

L'Épée
page 76

29

La Flamme
page 78

30

Le Cœur
page 80

31

Cupidon
page 82

32

L'Éclair
page 84

33

Le Miroir brisé
page 86

34

Le Train
page 88

35

La Fiancée
page 90

36

Le Coffre-fort
page 92

INDICATION GÉNÉRALE

Cette carte apporte la chance et le bonheur.

1 Le Soleil

SYMBOLISME

Un magnifique soleil doré, d'où s'échappe une multitude de rayons couleur feu, brille au-dessus d'une rivière qui s'écoule des montagnes jusqu'à la mer. Ce soleil a un visage agréable, bienveillant et entouré d'une aura blanche. Les collines environnantes sont vertes et fraîches. La rivière qui serpente est chaude et accueillante. La mer s'éclaire et miroite sous la lumière du soleil. Dans toutes les cultures de la terre, le Soleil est le symbole universel le plus puissant. En se levant à l'est chaque matin, il définit le rythme de la vie. Il indique donc, symboliquement, un nouveau départ.

Le Soleil est la première carte. Comme l'image de l'aurore, le chiffre 1 renvoie à un commencement ou une nouvelle perspective revigorante. Le sentier sinueux qui traverse les collines symbolise le chemin de la vie. Il y aura des hauts et des bas, des tournants, revirements, défis, angoisses et déceptions avant d'atteindre la sérénité de la mer. Le Soleil recèle par ailleurs un avertissement : les reflets dorés sur les vagues pourraient bien être confondus avec un désert aride. L'intense lumière solaire ricoche sur l'eau et brûle les yeux de celui qui chemine le long du sentier, l'obligeant à détourner le regard de son but. Mais après un virage, les yeux sont reposés et le voyageur retrouve la force de continuer sa route et de faire face à la vérité dans toute son âpre et lumineuse gloire.

DIVINATION

Lame du tarot : 19 le Soleil

Mot-clef : Bénédictions

Signification : Chaque instant de la journée est précieux. La carte du Soleil parle du présent et de ce que vous en faites. Appréciez-le. Remerciez. Accueillez chaque jour nouveau avec la joie et l'innocence d'un enfant, et prenez le temps de respirer le parfum des roses. La vie perçue à travers le regard d'un enfant est infinie. Un enfant vit au moment présent. Restez concentré sur votre but.

LE DÉFI DU SOLEIL

À quoi vais-je employer chaque moment de cette journée ?

POSITION RENVERSÉE

En position renversée ou rétrograde, le Soleil indique que la situation est brûlante et même explosive. Essayez de ne pas trop vous passionner et de verser ainsi dans l'orgueil, l'arrogance et l'égocentrisme.

SAGESSE BOHÉMIENNE

S'il brille sur la boue, le Soleil n'est jamais lui-même sali.

1

INDICATION GÉNÉRALE

Si cette carte ne sort pas trop loin du sujet, elle annonce de graves ennuis. Mais si le Soleil (carte 1) est tout proche, le fardeau sera moins lourd.

2 La Lune

SYMBOLISME

Un croissant de lune brille juste au-dessus d'un pont qui enjambe une rivière. On distingue sur ce pont un personnage, peut-être deux. Le sujet semble avoir tourné le dos à la mer (voir la carte du Soleil) pour regarder vers les montagnes. Un arbre élancé pousse sur chaque rive près du pont. Ce qui semblait verdoyant et plein de vie sous la lumière du Soleil apparaît à présent glauque et effrayant dans cette pénombre où se tapissent nos propres mystères. Comme le Soleil, la Lune possède un visage mais il ne sourit pas : il est de profil et semble contempler les mystères profonds de l'âme humaine. Les montagnes bleutées qui barrent l'horizon ont l'air inaccessibles. Il existe des choses que nous ne comprendrons jamais. Le clair de lune colore la rivière de reflets dorés, scintillants, mais qui agressent pourtant la vue. L'obscurité a transformé le paysage. La pénombre ne nous permet pas de dire si la silhouette sur le pont est une personne seule en train d'adorer la Lune, ou si c'est un couple enlacé qui s'est donné un rendez-vous secret.

DIVINATION

Lame du tarot : 18 la Lune

Mot-clef : Illusion

Signification : La Lune est le second plus puissant symbole de l'humanité. Le Soleil éclaire le monde mais c'est la Lune qui gère les marées et les fluides de notre corps aussi bien que les profondeur imaginatives de notre âme. La carte de la Lune vous invite à vous retourner pour voir ce qui se trouve derrière vous, ce que vous avez manqué à la lumière du jour, ou ce qui se terre dans l'ombre de votre psyché. Les informations que vous avez obtenues sont-elles bonnes et véridiques ? Méfiez-vous. On vous cache quelque chose d'important.

LE DÉFI DE LA LUNE

Qu'est-ce qui pourrait bien n'être visible pour moi qu'au clair de Lune ?

POSITION RENVERSÉE

Restez calme et attendez que l'éclipse s'achève. Les choses ne sont pas illusoires. L'ombre fait partie intégrante de la lumière. Des choses cachées vont être révélées et exposées à la critique d'autrui.

SAGESSE BOHÉMIENNE

L'heure la plus sombre est celle qui précède l'aurore.

2

INDICATION GÉNÉRALE

Cette carte apporte le succès dans toutes les entreprises. Près de la carte du sujet, elle indique un engagement ou un mariage.

3 La Maison

SYMBOLISME

La maison est blanche et possède trois étages, une toiture rouge et des volets verts. Les rebords des onze fenêtres sont ornés de pots de fleurs. On note une petite ouverture ronde au niveau des combles du pignon ainsi que trois lucarnes sur le toit. C'est une maison cossue, parfaite pour une famille.

La Maison est symbolique de tout ce qui fait notre existence : le corps, la famille, nos biens, nos responsabilités, la santé, etc. Les nombreuses fenêtres représentent les ouvertures par lesquelles la lumière vient réchauffer notre vie et les différentes positions d'où nous pouvons regarder le monde extérieur. Si certaines choses paraissent ternes, sombres ou tristes, il suffit de changer de point de vue. La Maison est notre refuge contre les soucis et les duretés de la vie. C'est là où nous pouvons nous dépouiller du personnage que l'on présente au reste du monde pour retrouver notre moi profond, véritable et rassurant.

DIVINATION

Lames du tarot : 10 de Deniers, Reine de Deniers

Mots-clefs : Sécurité, foyer

Signification : La carte de la Maison indique que vous êtes en sécurité. C'est là que vous avez été élevé et que vous élevez vos enfants. Le foyer est l'endroit où les traditions et les valeurs de l'existence sont reçues et transmises à la génération suivante. La Maison vous rappelle que vous devez apprécier le confort et la sécurité que procurent foyer et vie familiale. Les quatre marches menant à la porte d'entrée suggèrent qu'un problème devra être réparti entre quatre personnes.

LE DÉFI DE LA MAISON

Qu'est-ce qui fait de ma maison un vrai foyer ?

POSITION RENVERSÉE

C'est un avertissement : quelque chose ne va pas dans votre maison. Pensez à une consultation *feng shui*. Ouvrez toutes les portes et fenêtres ou bien aspergez-les d'encens afin que le *chi* positif circule librement. N'oubliez pas d'effectuer un grand nettoyage au printemps et de vous débarrasser de tout ce qui ne sert plus et vous encombre.

SAGESSE BOHÉMIENNE

Une forteresse se bâtit de l'intérieur.

3

INDICATION GÉNÉRALE

Si cette carte sort tout près du sujet, un vœu se réalisera. Si elle s'en trouve éloignée, le souhait ne sera pas exaucé.

4 Les Clefs

SYMBOLISME

Deux clefs, une noire et une blanche se croisent au-dessus d'un gardien et d'une gouvernante, qui tiennent chacun un trousseau de clefs. Leurs fonctions leur donnent accès à toutes les portes d'une demeure. Ils sont en charge des ingrédients nécessaires au succès. La clef est un symbole de grande responsabilité et de confiance. Pour la gouvernante, les clefs ouvrent les portes du garde-manger et des armoires à linge – métaphoriquement, les chemins menant à la réussite. Le gardien veille sur le trésor, le coffre-fort, les objets de valeur – métaphore pour ce à quoi nous accordons le plus de prix, et qui peut ne pas être matériel : peut-être s'agit-il de la clef qui ouvre votre cœur ?

Les grosses clefs de la carte représentent les solutions radicales. En position croisée, elles indiquent un tournant ou un carrefour. Peut-être est-il temps d'effectuer un choix ou de prendre une décision importante ? Nous ne savons pas toujours quels secrets une clef tient enfermés, et nous pourrions plus tard regretter d'avoir déverrouillé un mystère. Mais comment pourrions-nous grandir et évoluer, ou même accomplir de grandes choses, si nous ne prenons pas de risque et refusons de tourner les clefs que la vie nous offre ?

DIVINATION

Lame du tarot : 1 le Bateleur

Mots-clefs : Sécurité, foyer

Signification : La carte des Clefs indique que vous possédez déjà to ce dont vous avez besoin pour trouver la solution à votre problèm La moitié de la solution est conter dans le problème. Vous découvrirez que tout ce qu'il vous faut pour exprimer le désir de votre cœur es à votre portée. Utilisez les clefs qu vous avez déjà pour exprimer vos désirs sur le plan physique.

LE DÉFI DES CLEFS

Quelle porte puis-je ouvrir avec le clefs que je possède ?

POSITION RENVERSÉE

Vous ne faites aucun usage des cle qui sont en votre possession, ou vo vous en servez pour des raisons destructrices. Vous n'obtiendrez pa ce dont vous avez besoin, car vous utilisez la mauvaise clef. Pensez à que vous estimez être vos besoins à la façon dont vous avez tenté de les satisfaire. Avertissement : c n'est pas le moment de manifeste vos désirs sur le plan physique.

SAGESSE BOHÉMIENNE

Une clef en or ouvre toutes les port

4

INDICATION GÉNÉRALE

Si cette carte sort près du sujet, c'est signe de grand malheur. Si elle sort près du Chien (carte 21), vous perdrez un ami.

5 Le Malade

SYMBOLISME

Une personne alitée est soignée par un médecin et une infirmière. C'est une femme avec de longs cheveux noirs bouclés. Elle représente le subconscient, le cœur et/ou l'âme. Sa chevelure noire est le signe habituel de la femme intelligente ; ici, elle signifie que la malade a été auparavant en bonne santé et qu'elle est suffisamment intelligente pour faire confiance au docteur et à l'infirmière – c'est-à-dire suivre leurs avis en prenant des médicaments, du repos et de l'exercice afin de guérir.

Bien souvent dans notre culture occidentale nous avançons dans la vie en accumulant joyeusement éducation, honneurs, argent et biens matériels. Puis un jour, nous prenons conscience que toutes ces choses matérielles ne signifient rien et que notre être spirituel est affamé. Même si cette carte insiste sur la malade, on note que les deux autres personnages sont très attentifs et secourables. La carte a donc une connotation positive indiquant la guérison : quel que soit le problème, ça passera.

DIVINATION

Lames du tarot : 5 de Deniers, 5 de Coupe

Mot-clef : Maladie

Signification : La carte du Malade est une sirène d'alarme qui vous avertit qu'une chose ne va pas et qu'il est grand temps de vous en occuper. N'hésitez pas à vous faire aider, quelle que soit la nature du problème. Cette carte annonce de toute façon une guérison. Vous avez tout ce qu'il faut pour guérir c'est pourquoi vous devez déjà envisager l'avenir pour quand vous serez rétabli. Essayez de trouver une solution à l'intérieur de vous-même et n'ayez pas peur de laisser autrui vous aider dans cette investigation.

LE DÉFI DU MALADE

Que faire pour que je me sente bien

POSITION RENVERSÉE

Vous n'êtes pas malade ; pourtant, vous devriez l'être avec la vie que vous avez menée. Cette carte renversée vous donne un avertissement anticipé. Il n'est pas trop tard pour éviter une maladie ou toute autre difficulté. Examinez votre corps, votre mode de vie, votre foyer, votre travail pour découvrir qui mérite des mesures drastiques

SAGESSE BOHÉMIENNE

Un ami dans le besoin est toujours un « véritable » ami.

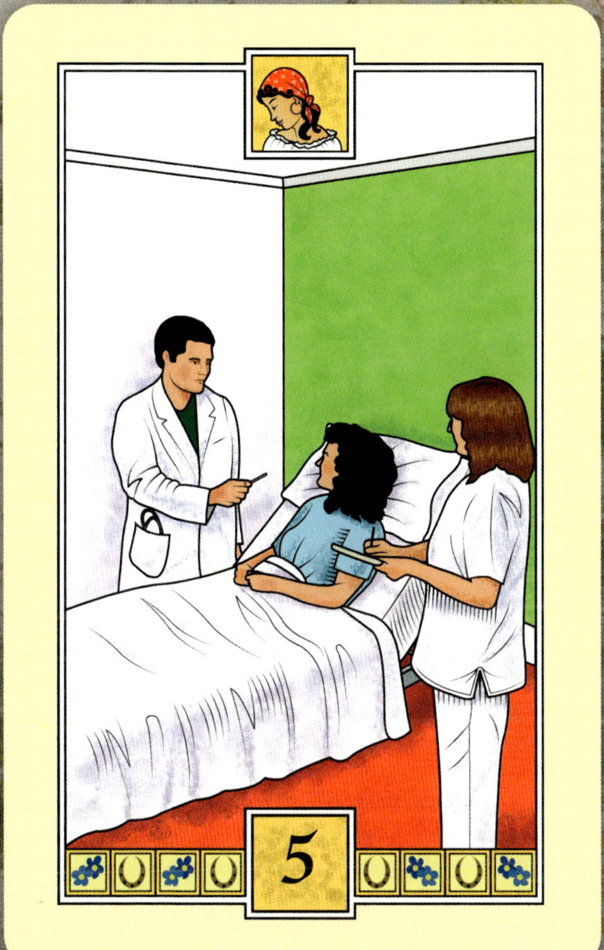
5

INDICATION GÉNÉRALE

C'est la carte du bonheur. Près du sujet, elle annonce une nouvelle rencontre amicale dans des circonstances inattendues.

6 Les Fleurs

SYMBOLISME

Les fleurs des champs les plus variées et de toutes les couleurs sont disposées dans un vase au pied duquel se trouve un paquet-cadeau enrubanné. Elles ornent un joli vase en verre décoré. Chaque fleur est un baiser d'amour envoyé par quelqu'un qui pense à vous. Voilà ce qui sur Terre peut faire battre le cœur et nous faire croire que cela est acquis, comme la santé, l'air pur, l'eau, la nourriture et la chaleur en hiver. La liste est sans fin et le bouquet illimité. Ces fleurs magnifiques, chacune étant unique, représentent aussi les qualités et les caractéristiques héritées de nos ancêtres, la façon dont nous pensons et agissons, nos aptitudes. Toutes symbolisent les dons que nous avons reçus de l'univers, de nos amis et parents, de nos professeurs. Nous sommes le vase qui reçoit ces fleurs, ces cadeaux. Nous devrions être fiers de tous ces dons et les transmettre aux autres.

Les fleurs sont immédiatement remarquées et appréciées, mais qu'en est-il de la boîte fermée ? C'est un présent spécial qui attend d'être ouvert. Peut-être préférons-nous attendre pour mieux savourer ce moment ? C'est une surprise pour quand nous en aurons besoin, la qualité cachée que nous ne pensions même pas posséder.

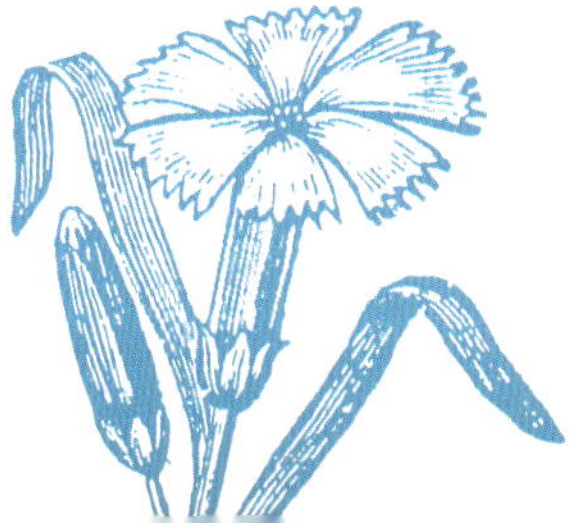

DIVINATION

Lame du tarot : 4 de Bâton

Mot-clef : Don

Signification : Vous êtes doué et chanceux. On vous aime. Vous avez toutes les raisons de célébrer la vie et d'en profiter. Cette carte symbolise la reconnaissance de sa propre valeur. Vous méritez tous les dons que vous avez reçus. Redonne de l'élan à votre ego malmené en énonçant vos qualités, aussi nombreuses que ces fleurs. Cherche quelles autres qualités cachées son enfermées dans le paquet. N'oublie pas de donner de l'eau aux fleurs ; prenez soin de vous afin que vos qualités puissent rayonner. Ne les gardez pas inemployées.

LE DÉFI DES FLEURS

Quelle est cette qualité mystérieu qui se cache dans le paquet ferm

POSITION RENVERSÉE

La carte des Fleurs renversée indiq que vous avez le sentiment de ne mériter ni reconnaissance ni compliments ni bonheur, comme si vous ne possédiez aucune qualité. En fait, vous méprisez les cadeaux que vous avez reçus. Vous devez redécouvrir à quel point vous vous sentez bien lorsque vous utilisez les dons et les qualités qui sont les vôtres.

SAGESSE BOHÉMIENNE

Une seule fleur ne fait pas un jard

6

INDICATION GÉNÉRALE

C'est l'annonce d'un grave danger auquel on pourra parer si cette carte est entourée de cartes positives.

7 La Faux

SYMBOLISME

Un jeune homme en tenue de fermier affûte une faux près d'un champ de blé. Deux lourdes faux s'entrecroisent sur fond de ciel bleu tandis que de petits nuages blancs flottent à l'horizon. Traditionnellement, la faux est l'attribut de la Mort, mais ici elle retrouve sa place d'outil majeur au moment des moissons. Les saisons se succèdent. C'est le moment de se préparer aux longs mois glacés du cruel hiver. Les deux faux dans le ciel symbolisent cette dualité : il faut jeter les choses mauvaises, ou inutiles, et récolter les bonnes. Le bistouri du chirurgien doit ôter la tumeur pour que le reste du corps guérisse. Il faut éliminer les grains pourris pour éviter de contaminer les bons épis. Parfois nous devons sacrifier un élément vital pour rester en vie. Une simple tâche anodine peut générer un bien plus précieux.

Le jeune homme ne semble pas impressionné par l'énorme travail qui l'attend. Pourtant, il prend tout son temps pour affûter sa faux, puis fait une pause pour admirer le champ de blé et son propre rôle dans la vie. Peut-être remercie-t-il la Terre de dispenser aussi généreusement ses bienfaits ?

DIVINATION

Lames du tarot : 2 d'Épée, Roi d'Épée

Mot-clef : Éthique

Signification : Il arrive parfois que les options qui se présentent vous paraissent peu engageantes, mais vous devez quand même faire le meilleur choix possible sans pour autant culpabiliser sur ses implications. Comme il vous faudra exécuter votre décision, faites de votre mieux. La pire chose serait de ne pas se décider. Il est grand temp de vous débarrasser du superflu dans votre vie : remerciez, pour ce qu'elles vous ont apporté, toutes c choses dont vous n'avez plus besoi et que vous allez quitter.

LE DÉFI DE LA FAUX

Comment sortir de cette impasse

POSITION RENVERSÉE

La situation balance entre deux options ou forces, mais par pour longtemps. D'autres choix vont s'offrir à vous. Mais vous n'avez ni récolté ni jeté les choses au mome où il fallait. Elles vous pèsent à présent car elles pourrissent sur pi

SAGESSE BOHÉMIENNE

Il faut ensemencer avant de récolt

7

INDICATION GÉNÉRALE

Cette carte apporte chance et réussite dans tous les domaines. Si elle sort près du Coffre-fort (carte 36), elle indique la chance dans les affaires financières.

8 Le Cochon

SYMBOLISME

Une femme nue drapée dans un tissu vert danse sur un nuage. Elle ressemble étonnamment à la figure qui représente le Monde dans les tarots populaires. Sous le nuage, un cochon bien portant regarde tristement une gamelle vide. La belle femme, qui représente la Terre-mère, est le symbole de l'âme éternelle de tout être vivant. Quand le corps temporel et matériel meurt et est inhumé, l'âme ou esprit continue de vivre. Le corps est comme le cochon et l'âme comme la belle figure féminine. Quand on communique, on doit voir dans l'autre son âme magnifique et éternelle, et non son corps physique et mortel comparable à ce cochon.

La sagesse traditionnelle oppose l'austère cochon à la possibilité de vivre une vie meilleure. Les événements fantastiques et improbables ne peuvent se produire que le jour où les cochons auront des ailes. Allons-nous prendre nos désirs pour des réalités ? Pourtant, le symbolisme est positif : derrière le triste cochon bien visible et un peu ridicule se cachent des possibilités de grandeur et d'amélioration.

Le voile qui enveloppe la femme est synonyme de cette sagesse et de cette expérience de la vie qui nous permettent de devenir un être complet et intégré. Le voile exprime les choses qui contribuent à fabriquer ce que nous sommes.

DIVINATION

Lame du tarot : 21 le Monde

Mot-clef : Âme éternelle

Signification : La carte du Cochon vous conseille de regarder sous la surface afin de mieux évaluer la situation et chercher sa véritable signification. Grattez le vernis. Vous ne parvenez pas à saisir ce qui se situe au-delà des apparences. Il faut creuser et prendre conscience qu'aucun individu ne se limite à l'apparence physique. Vous devez vous occuper des besoins de votre âme et intégrer cette nécessité à la sagesse que vous avez tirée de vos efforts pour devenir une personne accomplie.

LE DÉFI DU COCHON

Qu'est-ce que je voudrais voir en considérant ma vie passée ?

POSITION RENVERSÉE

Ne creusez pas davantage. Votre situation est bancale, en porte-à-faux et vous ne pouvez la rétablir. Parfois, un cochon n'est qu'un cochon. Il arrive que les choses ne soient que ce qu'elles paraissent.

SAGESSE BOHÉMIENNE

Si tout le monde tire dans le même sens, le monde risque de basculer.

8

INDICATION GÉNÉRALE

Vous devez rester très circonspect dans les rencontres. Plus cette carte sera proche du sujet et plus il risque d'être arnaqué.

9 Le Renard

SYMBOLISME

Un renard marron roux agile regarde un coq aux couleurs rutilantes perché sur une barricade. Le renard a la langue pendante de soif ou de fatigue. Il a tourné autour du coq pendant des heures et il n'en peut plus. Le coq connaît bien le renard et ses ruses. Ils se sont déjà trouvés dans cette situation. Normalement, le renard peut facilement avoir raison du coq et semer la pagaille dans le poulailler. Mais le coq a ici l'avantage d'être posté en hauteur, symbolisant ainsi un projet élevé et la droiture. Il est certes plus petit, plus faible et moins bien armé que le renard mais il sera gagnant s'il reste à son poste.

Le Renard symbolise les changements de l'existence, depuis les problèmes majeurs – accidents graves et malchance chronique – jusqu'aux petites disputes ou une simple mauvaise journée au travail. Nous devons tous affronter ces situations, mais nous pouvons choisir la manière dont nous allons faire face à l'adversité. Nous pouvons nous mettre la tête sous l'aile et gémir – quel vilain sort a bien pu nous envoyer ce renard pour nous dévorer ? – ou nous redresser et garder notre place en haut du mur en criant bien fort pour montrer au monde entier que l'on accepte l'épreuve d'un cœur vaillant.

DIVINATION

Lame du tarot : 7 de Bâton

Mot-clef : Ennuis

Signification : Cette carte avertit d'un danger. Faites bien attention. Ne négligez pas la chance que vou offre le Renard. Préparez-vous à relever des défis et à combattre pour gagner le poste supérieur. Si vous persévérez, vous survivrez et vaincrez.

LE DÉFI DU RENARD

Comment vais-je prouver aujourd'hui que je suis plus rusé que le destin ?

POSITION RENVERSÉE

La bataille que vous menez n'est pas digne de vous. Vous n'êtes pas en bonne position. Vous devrie consacrer votre temps et votre énergie à des choses plus importantes. Si vous persévérez de cette manière, vous serez perdant.

SAGESSE BOHÉMIENNE

Celui qui cherche des ennuis est sûr d'en trouver.

9

INDICATION GÉNÉRALE

Cette carte apporte la promesse d'amitiés nombreuses et durables.

10 Les Enfants

SYMBOLISME

Deux enfants portant des vêtements de couleurs vives plantent des drapeaux dans le château de sable qu'ils ont construit. Un troisième, perché sur la branche d'un arbre, regarde la scène. Quand un enfant figure sur une carte, il symbolise l'innocence, l'imagination, la croissance et l'apprentissage. Ici, les enfants nous renvoient à notre propre enfance, à laquelle nous songeons toujours avec nostalgie et parfois, heureusement, avec joie. Les drapeaux qui sèment les graines du patriotisme comme de la séparation dans ces jeunes esprits impressionnables, sont symboliques de tout ce qui aide ou blesse, et que les enfants doivent apprendre des adultes. Cette carte nous ramène aux expériences qui nous ont formés et expliquent pour la plupart nos comportements à l'âge adulte.

L'arbre est symbole de vie : il peut vivre des siècles, voire des milliers d'années. L'enfant sur la branche est le consultant qui regarde sa propre enfance. C'est un observateur qui se tient à distance : il peut même diriger le travail des autres. Les trois enfants ont coopéré pour réaliser une œuvre commune importante, suggérant que les aptitudes s'acquièrent à travers le jeu.

Plus directement, cette carte désigne nos enfants, comment nous les élevons, les expériences qu'ils vivent en jouant et ce qu'ils apprennent du monde qui les entoure.

DIVINATION

Lame du tarot : 6 de Coupe

Mot-clef : Enfance

Signification : Les camaraderies, la vie en groupe et les appartenances. Peut-être restez-vous en retrait de la vie ? Les gens sont soit introverti soit extravertis, mais vous aurez du mal à trouver un terrain d'entente s vous continuez à vous isoler. Remontez dans votre passé pour savoir si, enfant déjà, vous vous comportiez ainsi. Le rôle que vous tenez dans le monde adulte a été modelé dès l'âge tendre. Cette exploration devrait vous révéler pourquoi vous êtes ce que vous ête

LE DÉFI DES ENFANTS

N'est-il pas temps de renoncer à ce schéma de comportement ?

POSITION RENVERSÉE

Vous n'êtes pas relié à votre petite enfance (ni à vos enfants). Vous n'êtes pas aussi innocent que vous pensez ou voulez le faire croire au autres. La situation actuelle a plus de connexions avec le présent et l'avenir que de ramifications avec votre passé.

SAGESSE BOHÉMIENNE

Les enfants nous disent ce qu'ils font, les adultes ce qu'ils ont vu ou entendu.

10

INDICATION GÉNÉRALE

Cette carte annonce une grande malchance à cause du manque d'égards de quelqu'un que l'on croyait un ami.

11 Le Serpent

SYMBOLISME

Depuis la tentation d'Ève par le serpent au sein du jardin d'Éden jusqu'au Shesh Nâga (Ananta Shesh) qui, dans la légende sanscrite forme le lit du dieu Vishnu, ou au Jörmungand de la cosmogonie nordique, le serpent n'a cessé d'être un symbole puissant et provocateur dans toutes les cultures.

Dans notre jeu, il prend la forme d'un long serpent qui descend en spirale le long d'un tronc d'arbre. Sa tête et son cou se dressent au-dessus du sol, prêts à frapper. Le serpent hume l'air ambiant et darde sa langue fourchue. La forêt est sombre et inquiétante. Les anneaux du serpent semblent étouffer l'arbre : cette carte évoque ce qui enlève toute joie de vivre. La langue fourchue représente les mensonges, les demi-vérités, et notre désir de n'entendre que ce qui nous arrange. Les ondulations du corps du serpent renvoient au chemin tortueux de l'égoïsme et du mal. La sombre forêt est le lieu où nous nous retrouvons lorsque nous quittons le sentier du bien, de la bonté, de la vérité et de la lumière.

DIVINATION

Lame du tarot : 15 le Diable

Mot-clef : Tentation

Signification : Examinez votre conscience et votre vie spirituelle si le choix que vous venez de faire vous paraît trop beau pour être vrai Dans la situation actuelle, vous serez tenté par des excès ou des comportements autodestructeurs – alcool, drogues etc. Ne prenez pas la proie pour l'ombre et méfiez-vou des chausse-trappes. Vous êtes dan le vrai, alors ne vous en laissez pas compter. Ne cédez pas, résistez.

LE DÉFI DU SERPENT

Que suis-je en train de faire qui va à l'encontre de mes valeurs personnelles ?

POSITION RENVERSÉE

Vous avez été soumis à la tentation et vous en avez tiré les leçons. Vous avez même évité un mauvais choix vous étiez probablement assez fort pour ne pas tomber dans le pannea Le Serpent grimpe autour du tronc d'arbre pour atteindre la surface au lieu de vous entraîner dans les profondeurs du monde souterrain.

SAGESSE BOHÉMIENNE

Embrasse le serpent et il te mordr

11

INDICATION GÉNÉRALE

Cette carte est très positive à condition de ne pas être entourée de cartes négatives comme la Faux (carte 7).

12 Le Cavalier

SYMBOLISME

En tenue de chasse à courre – redingote rouge, culotte de cheval, haut-de-forme et bottes noires – un cavalier sur un cheval blanc saute par-dessus un fourré et une barrière. Il fait beau avec quelques nuages blancs très haut dans le ciel. Au loin, on distingue un lac, ou la mer.

La chasse à courre exige des années d'entraînement et une bonne coordination entre l'homme et sa monture. Le cavalier doit garder le contrôle et prendre des décisions qu'il communique au cheval au moyen des rênes. Un homme à pied ne parviendrait jamais à couvrir une telle distance au milieu des halliers, mais à cheval il dispose de plus de force, d'énergie et d'habileté. La force d'un cavalier dépend de la douceur avec laquelle il a entraîné son cheval, car il faut convaincre celui-ci de le porter et de se soumettre à des exercices athlétiques, audacieux et en même temps élégants. Le cavalier devra le féliciter, l'encourager, et non le punir. Une main trop dure sur le mors ou un coup de cravache peut « casser » un cheval et lui faire perdre la course. Le cheval donne davantage et réussit mieux quand il aime et respecte son cavalier.

Au moment de sauter, le cavalier et sa monture quittent un instant le sol et semblent planer dans les airs. Pourtant, ce sont des créatures terrestres représentées sur cette carte. Le cavalier utilise les forces qui résident dans son élément sans essayer d'être ce qu'il n'est pas.

DIVINATION

Lame du tarot : 8 la Force

Mot-clef : Contrôle

Signification : Le Cavalier signifie l'élan, l'impulsion dans une situation qui bouge, la victoire sur les obstacles. Il indique que vous possédez la force intérieure dont vous avez besoin. C'est le moment de faire intervenir la puissance de l'amour. Faites usage des compliments et des encouragements pour atteindre vos objectifs. Soyez vous-même.

LE DÉFI DU CAVALIER

Où vais-je ainsi ?

POSITION RENVERSÉE

Vous ne contrôlez pas la situation et vous avez besoin d'aide. Vous manquez de force, de coordination et vous vous escrimez à faire ce pour quoi vous n'êtes pas fait.

SAGESSE BOHÉMIENNE

Tomber d'un bon cheval, cela vaut encore la peine.

12

INDICATION GÉNÉRALE

Si cette carte sort près des Nuages (carte 20), les nouvelles que vous allez recevoir créeront bien des ennuis. Sinon, la chance viendra de loin.

13 La Lettre

SYMBOLISME

Une jolie femme aux cheveux châtains, vêtue d'une belle robe, est tellement absorbée par la lecture d'une lettre qu'elle en a laissé tomber l'enveloppe sur le sol. Elle se tient près d'un tabouret recouvert de velours, sur une terrasse dominant un jardin à la française. Elle ne fait absolument plus attention à son environnement.

Cette scène indique que les nouvelles contenues dans la lettre sont très importantes, en tout cas plus que les activités habituelles de la dame ou que son agréable et confortable cadre de vie. Elles peuvent être bonnes ou mauvaises ; ce que la jeune femme désire apprendre ou alors son contraire.

DIVINATION

Lames du tarot : 6 de Bâton, 8 de Bâton

Mot-clef : Nouvelles

Signification : Cette carte indique qu'une nouvelle va bientôt arriver : vous devez rester sur le qui-vive. Comme vous allez apprendre quelqu chose d'inattendu, préparez-vous à tout. Les événements vont se précipiter, mais ce n'est pas une raison pour négliger les choses ordinaires de l'existence, qui sont tout aussi importantes.

LE DÉFI DE LA LETTRE

Cette information change-t-elle véritablement les choses ?

POSITION RENVERSÉE

Vous avez reçu ou recevrez de mauvaises nouvelles. À cela, rien de surprenant, vous vous y attendiez. Les changements s'effectuent plus lentement que prévu, ou bien vous venez d'essuy un échec. La lettre vous invite à revoir votre projet sous un autre angle. Les renseignements dont vous avez besoin existent : il vous suffit de rester vigilant.

SAGESSE BOHÉMIENNE

N'écrivez jamais une lettre sous le coup de la colère.

13

INDICATION GÉNÉRALE

Cette carte représente la consultante. Si le sujet est un homme, la figure de la carte symbolise la femme à laquelle le consultant s'intéresse.

14 La Reine

SYMBOLISME

Une femme royale et épanouie porte une couronne d'or et tient un sceptre à la main. Elle règne sur le pays que l'on découvre en arrière-plan. Un cœur rouge lui sert d'aura. Elle tient aussi un éventail.

Cette carte symbolise la féminité, la maternité, la passivité, le soutien, le confort et la santé. La Reine est celle qui relie le peuple au pays. Elle sert la Terre-mère aussi bien que ses sujets. Elle est le lien que le roi entretient avec son pays et son peuple. Son éventail sert à apaiser ses humeurs. Elle représente les récoltes abondantes, la sécurité du mariage et la prospérité, les pleurs du veuvage, la joie d'être sœurs, la femme et la mère parfaites.

La Reine peut renvoyer au consultant ou bien à quelqu'un de son entourage, homme ou femme, qui possède les qualités émotionnelles de la maternité ou de la maturité. Elle peut être aussi l'ami(e) sincère ou le professeur attentif dont dépend le consultant.

DIVINATION

Lames du tarot : L'Impératrice ou les Reines

Mots-clés : Féminité, abondance

Signification : Vous êtes un bon conjoint et parent. Vous laissez vibrer en vous la corde sensible et maternelle, votre énergie *yin*. Vous vous laissez porter par toutes les émotions – chagrin, tristesse comme exultation et amour. Un an proche va vous aider, ou bien vous aiderez autrui en faisant preuve d'amitié. Autorisez-vous à vous blottir dans la sécurité et la chaleu des bras maternels, même au figuré. Bercez votre enfant intérieu

LE DÉFI DE LA REINE

Comment prouver que je suis dign et méritant ?

POSITION RENVERSÉE

Vous refusez ou craignez d'entrer en contact avec votre part de féminité. Pour vous, les émotions sont une preuve de faiblesse et vous les rejetez. Actuellement, ce n'est pas l'abondance : pourtan un détail pourrait tout changer.

SAGESSE BOHÉMIENNE

Un trône n'est jamais qu'un siège recouvert de velours.

14

INDICATION GÉNÉRALE

Cette carte représente le consultant. Si le sujet est une femme, elle représente l'homme auquel elle porte un intérêt.

15 Le Roi

SYMBOLISME

Le Roi se tient debout et fier dans son long manteau d'hermine en tenant à la main le sceptre, attribut de sa fonction. Il porte une lourde couronne d'or ornée de joyaux qui symbolise le poids de ses responsabilités ainsi que les précieuses valeurs du royaume qu'il gouverne. Un large cœur rouge entoure sa tête pour nous rappeler que le Roi est une personne et qu'il a des sentiments, des émotions, des désirs et des rêves.

Au loin, on distingue son château sur une haute colline isolée, symbole de sa solitude et de la manière dont il gouverne ses sujets. C'est la carte des énergies et des responsabilités paternelles. Le Roi est celui qui subvient aux besoins de la famille. Il défend son château dont il est le protecteur.

Cette carte peut symboliser un homme dans la vie du consultant mais également des qualités masculines plus agressives et affirmées que toute personne peut manifester : décision, honnêteté, responsabilité, moralité, maîtrise professionnelle, maturité et maîtrise de la vie émotionnelle.

DIVINATION

Lames du tarot : L'Empereur ou les Rois

Mots-clefs : Masculinité, autorité

Signification : Vous êtes quelqu'u de responsable sur qui on peut compter. Vous savez utiliser votre force et vous affirmer – votre énergie *yang*. L'énergie de cette carte symbolise l'autorité suprême et la responsabilité de vos actes e de vos choix, ainsi que leurs effet sur vos inférieurs ou ceux qui dépendent de vous.

LE DÉFI DU ROI

Comment puis-je faire preuve d'autorité sur ma propre existenc

POSITION RENVERSÉE

Vous êtes irresponsable. Vous laissez à autrui la responsabilité de votre personne, de vos actes e de vos choix. Vous ne parvenez pa à faire preuve de sincérité, de morale, de maîtrise ou d'émotion. Vous n'avez pas non plus rempli v devoirs et vos responsabilités env ceux qui sont dépendants de vous

SAGESSE BOHÉMIENNE

Avec un roi, c'est comme avec le feu : ne restez ni trop près, ni tro loin de lui.

15

INDICATION GÉNÉRALE

Cette carte est l'indication d'une longue vie. Au-dessus du sujet, elle signale que celui-ci possède de hautes valeurs.

16 Les Lis

SYMBOLISME

Trois lis blancs s'épanouissent dans un pot près du rideau d'une fenêtre. Parce qu'ils fleurissent au début du printemps, on associe ces fleurs à Pâques et aux nombreuses traditions religieuses qui célèbrent cette période de l'année. Le printemps est le temps du renouveau après le sommeil de l'hiver. Il évoque la vie éternelle de l'âme. Le blanc est symbole de pureté, de jeunesse, d'innocence. Il symbolise aussi la joie que l'on ressent quand on dispose d'une nouvelle chance.

La carte des Lis nous rappelle que nos actes et nos choix seront un jour jugés, ne serait-ce que par nous-même. Pour ceux qui vivent une relation intime, personnelle et interactive avec leur pouvoir intérieur, cette carte désigne l'âme immortelle et la relation éternelle qu'elle entretient avec cette puissance. La vie n'est qu'un passage durant lequel l'âme doit relever des défis, souvent perçus comme des épreuves. Symbolisée par les Lis, la vie éternelle après la mort est la récompense qui couronne ces épreuves.

DIVINATION

Lames du tarot : 20 le Jugement, 14 la Tempérance

Mots-clefs : Sécurité, foyer

Signification : Vous avez une belle vie spirituelle. Vous pouvez attendr[e] beaucoup de votre puissance intérieure : faites-lui confiance, méditez ou priez. Cette période difficile n'est que passagère : c'est une des épreuves de la vie. Les Lis vous invitent à équilibrer votre vie spirituelle et matérielle. Vous vous consacrez beaucoup à la première, mais sachez ne pas négliger pour autant le quotidien : la vie éternelle vient… après la vie.

LE DÉFI DES LIS

Comment puis-je manifester ce q[ue] je souhaite dans l'au-delà ?

POSITION RENVERSÉE

Vous n'avez pas conscience de vot[re] puissance intérieure et avez perdu vue les vrais buts de votre existenc[e]. La situation est déséquilibrée et mérite d'être repensée.

SAGESSE BOHÉMIENNE

La vie n'est pas séparée de la mo[rt]. Elle ne fait que regarder dans cette direction.

16

INDICATION GÉNÉRALE

Cette carte annonce un changement de résidence et une promotion dans le travail.

17 La Cigogne

SYMBOLISME

Une grosse cigogne noire et blanche se tient dans un marais sur une de ses pattes rouges. Il fait beau et seuls quelques nuages blancs dansent dans le ciel bleu. Le marais est vert, luxuriant et couvert de hautes herbes et de roseaux.

Au printemps, les cigognes reviennent pour nicher et élever leurs petits. Le cri du cigogneau ressemble à celui d'un bébé ; c'est pourquoi la cigogne représente souvent l'arrivée d'un bébé. Mais il peut aussi s'agir d'autre chose. La Cigogne est annonciatrice de bonnes nouvelles, de vie familiale ou de début d'entreprise – projet professionnel, nouvelle relation ou simplement la volonté ou le désir de redémarrer. La cigogne garde l'autre patte sous son aile comme si elle hésitait à poser les deux dans l'eau. Pour repérer ses proies dans le marais, elle se déplace silencieusement et furtivement. C'est la carte de l'activité secrète.

DIVINATION

Lames du tarot : Les As, les Valet

Mot-clef : Action

Signification : Vous obtiendrez ce que vous voulez : c'est le moment d'essayer et d'agir. Cette carte est un signe favorable de grossesse (en dehors de toute confirmation médicale), ou de démarrage d'une entreprise, d'une relation, ou encore d'un projet. La Cigogne avantage les études et le changement de perspective (du détail vers le général ou vice versa Gardez confiance en vous, en autr et en votre force intérieure.

LE DÉFI DE LA CIGOGNE

Que faut-il qu'il se produise pour que le projet que j'ai entrepris aboutisse ?

POSITION RENVERSÉE

Les chances de grossesse sont maigres et la période n'est pas propice aux nouveaux projets. Parce que vous ne connaissez pas vos désirs profonds ni ceux de vot cœur, vous ne pouvez pas faire ce qu'il faut pour accomplir quoi que ce soit.

SAGESSE BOHÉMIENNE

Les cigognes aiment avoir les patt dans l'eau.

17

INDICATION GÉNÉRALE

À la droite du sujet, cette carte annonce un heureux mariage. Si elle sort à gauche, elle prédit un mariage désastreux ou la fin d'une amitié.

18 L'Anneau

SYMBOLISME

Une mariée et son époux se tiennent par le bras : elle porte une longue robe blanche et un voile, et lui un habit noir avec un chapeau haut-de-forme. Les bras des époux et les deux anneaux d'or entremêlés symbolisent les liens du mariage : les deux ne font plus qu'un. La mariée porte un bouquet de fleurs, réminiscence des Fleurs (carte 6) : ce sont les cadeaux, les forces, les merveilleuses qualités et l'héritage qu'elle apporte dans le couple. Les époux ont tous deux la main gauche dégantée. Ils n'ont pas encore passé l'anneau à leur doigt. Ils sont prêts pour la cérémonie sacrée du mariage et pour formuler des vœux éternels devant l'autorité religieuse, leurs familles et leurs amis.

Cette carte évoque la déclaration publique d'intention ou d'identité. Les vêtements, le décor et tous les objets, comme les anneaux, symbolisent l'approbation, cette définition consensuelle qui nous permet d'être reconnus comme membre d'une société, d'une culture et de l'humanité. L'Anneau nous rappelle que nous sommes tous liés à cette société comme nous le sommes individuellement les uns aux autres.

DIVINATION

Lame du tarot : 5 Le Pape

Mot-clef : Partenariat

Signification : Soyez tranquille et rassuré : votre dur labeur et votre engagement sont la garantie que votre partenariat finira par connaîtr la réussite. Il faudra faire des effort mais la récompense sera la sécurité le soutien et la collaboration. Vous bénéficiez de l'approbation et du soutien de votre communauté. Cette carte sert aussi de mise en garde : on vous observe. Membr de la société, vous devez obéir à ses coutumes et à ses lois.

LE DÉFI DE L'ANNEAU

Vous avez obtenu le passeport officiel – et alors ?

POSITION RENVERSÉE

Vous n'avez ni ne recherchez l'approbation de vos pairs. Peut-êtr votre situation n'est-elle pas officiellement reconnue par votre culture religieuse, votre clan ou vot ethnie ? C'est à vous de décider ce qui est le plus important pour vous l'approbation de votre communauté ou la voix de votre cœur.

SAGESSE BOHÉMIENNE

Plus on se marie tard, plus les nui sont longues.

18

INDICATION GÉNÉRALE

De nombreuses amitiés agréables si cette carte sort près de la Flamme, du Cœur, de Cupidon ou de la Fiancée (cartes 29, 30, 31 ou 35).

19 La Poignée de Mains

SYMBOLISME

Un homme et une femme de la noblesse se font face dans un pré sous un beau ciel bleu. On remarque autour d'eux des buissons et des arbres comme pour bien marquer que cette rencontre, pourtant privée, se fait en tout bien tout honneur. Ils se serrent la main comme s'ils s'étaient mis d'accord et avaient conclu un marché. L'homme est habillé comme un chevalier, escrimeur ou cavalier, et porte un feutre orné d'une plume, des bottes noires et une épée dépassant de sa longue cape. La dame a les cheveux bien ramassés sous un chapeau noir. Elle est vêtue d'un bustier et d'une longue jupe. Leurs tenues suggèrent que cette affaire est sérieuse et non galante. Chacun a ôté son gant pour serrer la main de l'autre. Ils se regardent dans les yeux comme si chacun voulait s'assurer de la fiabilité de l'autre. Cette poignée de mains ressort sur le fond des petits nuages cotonneux qui animent le ciel, soulignant ainsi l'importance du contact entre les mains des deux personnages.

Une poignée de mains est signe de confiance et de bonne volonté dans bien des cultures. Même aujourd'hui, beaucoup d'affaires, d'ententes et d'arrangements se traitent d'une simple poignée de mains parce que les gens raisonnables, civilisés et honnêtes ne sauraient manquer à leur parole.

DIVINATION

Lame du tarot : 2 de Coupe

Mot-clef : Promesse

Signification : Je suis lié par ma parole. Cette carte évoque les accords et la communication. Deux parties coopèrent pour atteindre un objectif et des bénéfices communs, que ce soit dans les affaires, les associations, l'amitié ou même le mariage. Ce sont les règles quotidiennes du soutien mutuel : donner et prendre pour avancer, tenir les promesses envers les autre Il faut aussi apprendre à faire confiance et à dépendre d'autrui – et permettre aux autres d'en faire autant avec soi.

LE DÉFI DE LA POIGNÉE DE MAINS

Suis-je quelqu'un qui tient ses promesses ?

POSITION RENVERSÉE

Ne faites pas de promesse que vou ne pourriez tenir. Le temps n'est pas propice au traitement des affaires et des contrats. Il faut encore discuter ou mettre à l'épreuve si vous voulez des garanties supplémentaires.

SAGESSE BOHÉMIENNE

Marchandez comme une bohémienne, mais payez comme un seigneur.

19

INDICATION GÉNÉRALE

Si le côté lumineux des Nuages jouxte la carte à interpréter, c'est de la chance ; si c'est le côté sombre, des ennuis se préparent.

20 Les Nuages

SYMBOLISME

De gros nuages sombres montent rapidement dans le ciel au-dessus d'une plaine où l'on distingue quelques rares arbres et une rivière bleue. D'un côté de la carte, la lumière du soleil illumine les nuées blanches et la montagne à l'horizon ; de l'autre, les nébulosités s'amoncellent de façon menaçante.

Quand on a la « tête dans les nuages », cela veut dire que l'on rêvasse et que l'on désire des choses difficiles à obtenir. Les nuages représentent ces fantasmagories.

Cette carte englobe aussi les autres métaphores sur les intempéries, depuis les vents violents jusqu'à l'éclaircie. Les nuages, clairs ou sombres, peuvent indiquer qu'un orage se prépare ou vient juste de passer. En tout cas, la situation est temporaire et susceptible d'évoluer.

DIVINATION

Lame du tarot : 7 de Coupe

Mots-clefs : Rêveries, souhaits

Signification : Développer vos rêves peut les faire se réaliser et enrichir votre vie. Mais cette carte insiste sur le fait qu'il faut vous réveiller : vous rêvez, désirez et espérez trop de choses. Les Nuage avertissent que la situation actuel se situe au niveau du rêve ou du désir. Ce n'est pas la réalité et, comme les nuages d'orage, cela passera pour laisser la place à quelque chose de plus évident.

LE DÉFI DES NUAGES

À quelles conséquences dois-je m'attendre en réalisant ce rêve ?

POSITION RENVERSÉE

Ce n'est pas un rêve. La situation est exactement telle que vous la percevez, même si elle ressemb à un rêve. Votre position ne va pa changer de sitôt ; les choses resteront en place et vous n'y pouvez rien.

SAGESSE BOHÉMIENNE

Celui qui se fie aux rêves se nourr du vent.

20

INDICATION GÉNÉRALE

Cette carte indique la présence d'amis sincères. Si elle sort du côté sombre des Nuages (carte 20), méfiez-vous en choisissant vos amis.

21 Le Chien

SYMBOLISME

Un beau chien robuste garde la maison de son maître. Derrière lui, on peut apercevoir l'arrière de la maison : le chien se trouve donc à l'intérieur de la propriété. Il remplit son devoir avec sérieux et il est reconnaissant et loyal envers la famille qui le nourrit.

Les chiens ont longtemps été un symbole de loyauté, de bravoure et même de royauté, à cause de leur position privilégiée en tant que meilleurs amis de l'homme et de leurs nombreuses et admirables qualités. La plupart d'entre eux sont d'excellents gardiens et beaucoup de races effectuent des travaux ou rendent des services spécifiques très appréciés des hommes. S'ils ont un grand sens des responsabilités, les chiens ont aussi énormément besoin d'affection. Nous pouvons apprendre une foule de choses auprès des animaux. Pour le chien, chaque jour est une nouvelle expérience. Jamais rancunier, il est toujours prêt et enthousiaste. Nous ferions bien de prendre modèle sur lui en vivant le moment présent. Cette carte est associée au Fou du tarot traditionnel : la fréquentation du chien, comme celle du joker ou du fou de cour, n'est pas sérieuse, en ce sens qu'elle permet de se détendre et d'oublier ses ennuis.

DIVINATION

Lame du tarot : 0 le Fou

Mot-clef : Loyauté

Signification : Vous êtes fidèle, loyal, sérieux et solide en amitié. Cette carte peut désigner un ami cher ou quelqu'un qui réclame votre attention. Dans les jeux traditionnels, le chien aboie pour empêcher le Fou de sauter du haut de la colline : attention ! regardez bien avant de vous élancer. Ayez conscience que ce que vous allez tenter aura des conséquences à longue échéance.

LE DÉFI DU CHIEN

Suis-je loyal ou obséquieux ?

POSITION RENVERSÉE

L'avertissement du chien de garde est encore d'actualité mais bien atténué. N'en tenez pas compte et poursuivez vos projets et vos activités qui pourraient n'être que retardés.

SAGESSE BOHÉMIENNE

Le chien qui se promène finit toujours par tomber sur un os.

21

INDICATION GÉNÉRALE

Cette carte annonce la réussite des entreprises. Si elle sort près du Chien (carte 21), elle prédit la rencontre avec une personne de confiance.

22 L'Ancre

SYMBOLISME

Une femme aux longs cheveux bruns lève une main et tient une énorme ancre de marine en métal de l'autre. Elle se trouve au sommet d'une falaise escarpée et aride. On aperçoit un grand voilier en contrebas derrière elle. Son vêtement est de trois couleurs : blanc (l'intention pure), rouge (la découverte passionnée) et vert (la prospérité et la richesse). La femme a emmené la lourde ancre jusque sur cette hauteur et elle lève la main pour souhaiter bon voyage à l'équipage.

L'ancre sert à maintenir un navire au mouillage : ainsi il reste en place durant la nuit et ne part pas à la dérive. Mais pour immobiliser un bâtiment, l'ancre doit elle-même peser un poids formidable, un peu comme les obstacles et les défis qui nous ralentissent tandis que nous progressons vers nos buts. Cette carte porte un immense fardeau et un immense trésor, d'amour généralement, souvent les problèmes de ceux qui dépendent de nous.

En divination, la femme représente l'esprit, le cœur et l'âme du consultant, son être intérieur ou l'inconscient. Le navire représente le corps qui véhicule l'esprit et le cœur au cours de l'existence. Ici, l'être intérieur a grimpé une haute colline en portant un poids énorme, et pourtant il est calme et satisfait.

DIVINATION

Lames du tarot : 3 de Bâton, 10 de Bâton

Mot-clef : Fin du voyage

Signification : Une phase d'exploration s'achève ; il est temps d'accoster et de retrouver la terre ferme. Assurez-vous que votre fardeau est vraiment nécessaire – fait d'amour et non de cupidité – et appréciez-le. En pensant aux bénéfices que vous en tirerez, il vous paraîtra plus léger. Sachez que porter ce fardeau vous aidera à prendre conscience de vos forces véritables.

LE DÉFI DE L'ANCRE

Comment puis-je transformer ce poids mort en fardeau de joie ?

POSITION RENVERSÉE

Vous n'avez pas fini d'explorer toutes les possibilités et vous devez poursuivre vos recherches. Il est trop tôt pour vous en tenir à une croyance ou à un projet. Le poids de vos fardeaux est trop lourd : il faut l'alléger en en abandonnant une partie en cours de route.

SAGESSE BOHÉMIENNE

Celui qui ne veut pas se servir du gouvernail se brisera sur les rochers.

22

INDICATION GÉNÉRALE

Cette carte indique la perte ou le vol. Près du sujet, celui-ci retrouvera ce qu'il a perdu. Loin de lui, la perte sera irréparable.

23 La Souris

SYMBOLISME

Profitant de la nuit, une silhouette masculine aux longues jambes s'enfuit d'une maison. Il porte son butin sur l'épaule dans un gros sac. On aperçoit une échelle appuyée contre le mur. L'homme symbolise la grande richesse visible – voiture, ordinateur ou autre bien précieux – en danger d'être perdue ou volée. L'échelle sera, le lendemain matin, la preuve qu'il s'est passé quelque chose.

Au premier plan, trois souris dans un souterrain grignotent du fromage chapardé. La souris symbolise les petites choses qui risquent, elles aussi, d'être perdues, volées ou oubliées – erreurs dans les comptes bancaires, bijoux égarés ou coupon de supermarché périmé. Le souterrain appartient à la maison et au terrain. Mais on n'y pense pas toujours et son entrée est souvent mal gardée : les ouvriers, les amis ou les parents ont donc libre accès à vos possessions matérielles et à votre vie.

DIVINATION

Lame du tarot : 7 d'Épée

Mot-clef : Vol

Signification : Cette carte est une mise en garde à différents niveaux. Ou l'on vous volera, ou vous songez à voler autrui. Mais ce qui, selon vous, vous avait été dérobé est tou simplement bien caché. Une perte est imminente. Quand cette carte sort, faites attention et restez honnête. Sur le plan pratique, ayez du bon sens et informez vos paren et amis de votre intention de vous absenter. À un niveau plus subtil, v et perte peuvent concerner votre liberté : quelqu'un souhaite vous voler la paix de l'esprit ou votre sentiment de sécurité.

LE DÉFI DE LA SOURIS

De quelle manière mon mode de v vole-t-il quelque chose à une personne moins fortunée ?

POSITION RENVERSÉE

Il n'y a pour le moment aucun risque de vol, mais vous pouvez perdre ou égarer quelque chose. C qui manquait pourrait être retrou Malgré tout, restez sur vos gardes

SAGESSE BOHÉMIENNE

Le voleur croit que tout le monde en fait autant.

23

INDICATION GÉNÉRALE

Cette carte est signe d'ennuis familiaux.

24 La Punition

SYMBOLISME

Deux enfants menacés de punition manifestent des réactions très différentes. Le garçon, en colère, arbore un air renfrogné et, de honte, baisse la tête. La fille se contente de pleurer dans ses mains. Leurs jouets, un chariot et une poupée, gisent sur le sol de la pièce où ils s'amusent. Un balai en genêts plane au-dessus d'eux. On ignore les raisons de la punition. Peut-être ont-ils fait une bêtise, ou bien jouaient-ils gentiment – le chariot promenant la poupée – lorsqu'un troisième enfant, ou même un adulte, est venu taper dans les jouets et provoquer une dispute.

Quel que soit le fin mot de l'histoire, cette carte évoque l'affrontement et la mésentente, l'incompréhension et la mauvaise volonté à coopérer. Il s'agit ici de payer le prix de nos actes en dépit de nos bonnes intentions. Ce qui débute comme une farce innocente peut dégénérer en conflit sérieux ou en vandalisme. Même si l'on ne comprend pas que le feu est chaud, il brûle de toute façon et il faut parfois sentir sa morsure pour retenir la leçon. Chaque action provoque une réaction, égale ou opposée.

DIVINATION

Lame du tarot : 5 de Bâton

Mots-clefs : Querelle, punition

Signification : Cette carte indique la confrontation, l'incompréhensio et la mauvaise humeur. Elle annonce des ennuis au sein de la vie familiale, professionnelle ou relationnelle. La situation ressemb à un cul-de-sac. Il est préférable c s'entendre plutôt que d'envenimer les choses. La Punition nous rappelle que nous devons payer le prix de chacun de nos actes. Une simple plaisanterie peut être reçue comme une grave injure. Cependa cette carte peut aussi indiquer un saine compétition ou discussion.

LE DÉFI DE LA PUNITION

Je dois me pardonner quand je commets des erreurs.

POSITION RENVERSÉE

Ce n'est pas votre faute et vous pouvez avoir la conscience tranqui même si un malaise s'est installé. Le désaccord n'est pas grave et va rapidement trouver sa solution.

SAGESSE BOHÉMIENNE

Ne lancez pas des flèches qui risqueraient de se retourner contre vous.

24

INDICATION GÉNÉRALE

Cette carte annonce de bonnes nouvelles. Si elle sort du côté sombre des Nuages (carte 20) et loin de la Lune (carte 2), le message sera annonciateur d'ennuis.

25 Le Trèfle

SYMBOLISME

Au premier plan, trois trèfles à quatre feuilles tournoient dans la brise. On comprend qu'ils proviennent de la jolie pelouse. Un petit chemin mène à une maison cachée parmi les arbres sous un ciel bleu clair.

Le trèfle à quatre feuilles est un symbole de chance. Mais de quel ordre ? S'agit-il de la fortune aveugle ou de la destinée universelle, ou bien le libre arbitre a-t-il sa part ? Peut-être pouvons-nous, en effet, créer notre propre chance ? Au lieu de se plaindre quand les choses ne vont pas comme nous le voulons, pourquoi ne pas relever ses manches et se mettre au travail ?

Les trèfles de la carte s'envolent au gré du vent, ce qui signifie que la bonne fortune peut nous quitter aussi rapidement qu'elle nous est offerte. Aussi, lorsque la chance croise notre route, il faut la saisir sans attendre qu'elle s'envole à la première saute de vent. L'étroit sentier qui serpente depuis la maison ne traverse qu'un petit carré de pelouse parsemée de trèfles. Mais nous pourrions tracer d'autres chemins à travers des prairies plus vastes. Il nous faut partir en quête d'opportunités plus fructueuses.

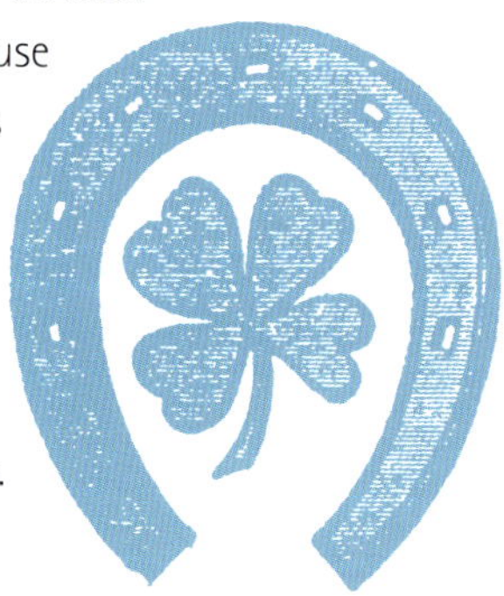

DIVINATION

Lame du tarot : 10 la Roue de Fortune

Mot-clef : Chance

Signification : L'univers vous accorde un répit. La chance est avec vous et les événements vous sont favorables. Mais vous devez aussi créer votre propre chance en vous mettant au travail. La situation actuelle est réceptive à vos désirs, mais des efforts seront quand même nécessaires pour réaliser vos rêves – maison, voiture âme sœur... Soyez assuré que vous êtes en bonne voie, sur le chemin de votre chez vous, tout en réalisant votre moi profond.

LE DÉFI DU TRÈFLE

Quelle définition vais-je donner au mot fortune ?

POSITION RENVERSÉE

La chance vous sourira davantage un autre jour et dans une autre situation. Un blocage énergétique vous empêche d'exprimer vos désir et des forces extérieures qui échappent à votre contrôle influencent les circonstances actuelles.

SAGESSE BOHÉMIENNE

Après la malchance vient la chanc

25

INDICATION GÉNÉRALE

C'est une carte de chance. Mais si elle sort du côté sombre des Nuages (carte 20), attendez-vous à un long et pénible voyage sans le résultat espéré.

26 L'Étoile

SYMBOLISME

Cette carte est illustrée par des étoiles brillantes – une grosse à huit pointes entourées d'étoiles plus petites. Nombreuses sont les religions et les cultures qui emploient l'étoile comme symbole de notre lien avec le divin et l'infini. Le chiffre 8 est lui-même signifiant dans maint systèmes de croyance – il y a des milliers d'années le dieu Krishna avait huit associés principaux – de pensée mathématique (deux carrés) ou d'orientation (la rose des vents). L'énergie du 8 correspond à l'acceptation totale de notre destinée, le dharma, ou de son objectif. Vous n'êtes plus un apprenti et vous approchez de la maîtrise, quel que soit votre domaine – matériel, spirituel, physique ou mental. Mais l'Étoile évoque davantage : elle invite à s'appuyer sur ces « huit énergies » pour les exalter au plus haut degré, jusque dans l'éther – « atteindre les étoiles ». Autrement dit, faire corps avec vos idéaux les plus élevés et travailler à les réaliser.

L'immensité de l'espace sombre et velouté, piqueté d'étoiles, demeure hors d'atteinte pour les simples mortels mais nous nous percevons malgré tout comme de minuscules petites lumières spirituelles. Nous sommes d'infimes soleils – inférieurs en quantité mais pas en qualité. Cette carte symbolise ainsi le divin dans notre cœur et notre esprit, la source de toute inspiration, connaissance et sagesse.

DIVINATION

Lames du tarot : 17 l'Étoile, 2 la Papesse, 9 l'Hermite

Mot-clef : Inspiration

Signification : L'inspiration que vous recevez est de source divine. Pénétrez profondément en vous-même pour connaître vos besoins – que ce soit une vision psychique, la vérité universelle ou une nouvelle idée. Écoutez votre muse. Cette cart[e] vous invite à ralentir et à travailler l'introspection. Prenez le temps de méditer, d'être attentif à la réponse issue de la source mystique.

LE DÉFI DE L'ÉTOILE

Pourquoi mérité-je d'être divinement inspiré ?

POSITION RENVERSÉE

C'est la seule carte qui garde la même signification à l'endroit et à l'envers. Vous recevez l'inspiration divine, les conseils de votre guide intérieur et la connaissance profond[e] même si tous ces bienfaits semblent opaques et quelque peu incertains à l'heure actuelle. Patientez et gardez confiance, les choses vont s'éclaircir

SAGESSE BOHÉMIENNE

On ne peut pas voir les étoiles quand il fait grand soleil.

26

INDICATION GÉNÉRALE

Si cette carte sort près du Chien ou des Lis (cartes 21 ou 16), attendez-vous à ce que quelqu'un sollicite une faveur en vous flattant.

27 Les Chats

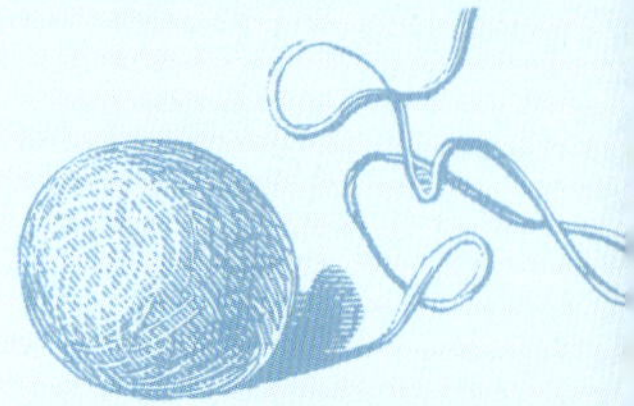

SYMBOLISME

Une grosse chatte tigrée bien nourrie surveille sa portée de trois chatons en train de jouer. Cette chatte porte un collier fantaisie qui indique qu'on l'aime et que l'on prend soin d'elle. Un des petits se fait les griffes sur un meuble derrière elle. Les deux autres s'amusent par terre avec une pelote de ficelle.

Cette carte symbolise les sacrifices de la maternité : au lieu d'aller chasser les souris pour elle-même, la chatte surveille attentivement ses rejetons et reste là, prête à intervenir pour les tirer des mauvais pas où leur curiosité peut parfois les entraîner. Trouver simplement le temps d'écouter un enfant est parfois un lourd sacrifice. Les chatons sont toujours joueurs et malins. « La curiosité perd le chat » est un vieux dicton. On dit aussi que le chat possède neuf vies à cause de sa formidable aptitude à survivre en dépit de tous les dangers auxquels il est exposé. Il est parfois nécessaire de sacrifier certaines tâches du quotidien simplement pour « se nourrir » et prendre soin de son moi spirituel.

DIVINATION

Lame du tarot : 12 le Pendu

Mot-clef : Soin

Signification : Vous avez raison de sacrifier votre énergie pour un bien plus important, parce que, ainsi, vous prenez soin de vous-même comme de ceux qui vous entourent. N'hésitez pas à donner de votre temps, de votre argent et de vos efforts pour un bénéfice futur. Gardez votre but à l'esprit et ne sombrez pas dans le désespoir si le sacrifice devient trop lourd. Les chats sont des survivants et vous aussi survivrez au sacrifice que vous allez devoir accepter. Autre interprétation méfiez-vous des flatteurs qui, comme les chats, vous caressent les mollets pour avoir à manger.

LE DÉFI DES CHATS

Que puis-je sacrifier pour mon bien

POSITION RENVERSÉE

Les rôles sont renversés : les chatons prennent soin de la chatte, les enfants des parents. La situation réclame des sacrifices inattendus. Le résultat ne sera pas pour autant positif.

SAGESSE BOHÉMIENNE

Celui qui ne veut pas nourrir les chats nourrit les souris.

27

INDICATION GÉNÉRALE

Cette carte met en garde contre un mauvais coup.

28 L'Épée

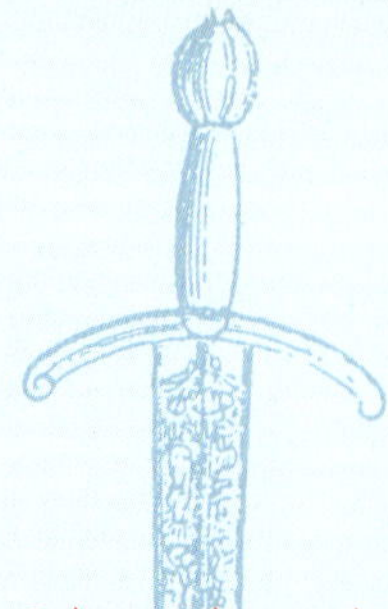

SYMBOLISME

Deux rapières croisées font écho à deux gantelets qui, dans la même position, se détachent sur fond de ciel. Une route poudreuse serpente à travers plaines et forêts. Deux hommes se cachent dans les taillis avec, sans nul doute, de mauvaises intentions. Ils ne veulent pas qu'on les voie. Attendent-ils en embuscade un voyageur pour lui dérober sa bourse ou ses biens ? Leur honneur est à coup sûr en question.

L'épée à deux tranchants symbolise les aspects positif et négatif de la perte – l'inévitable opération chirurgicale mais aussi le poignard du criminel qui peut blesser. La « pointe de l'épée » évoque une personne dotée d'un intellect subtil et d'un esprit aiguisé, ou qui lance des remarques acerbes. L'Épée est donc associée aux défis et aux questions d'ordre intellectuel ou mental.

Le gantelet est une protection pour manipuler une arme aussi dangereuse qu'une épée et un moyen de lancer un défi – en « jetant le gant » devant l'adversaire ou en le giflant d'une main gantée.

DIVINATION

Lames du tarot : 5 d'Épée, 11 la Justice, les Cavaliers

Mot-clef : Défi

Signification : Lors d'un voyage, soyez prudent et ne craignez pas de devoir agir s'il le faut. Vous risquez d'être agressé et d'avoir à vous défendre. Faites appel à votre mental pour que l'intelligence l'emporte sur les émotions. Mais n'acceptez pas de duel si cela n'en vaut pas la peine. Soyez conscient de vos moyens de protection afin qu'ils n'apparaissent pas comme un défi pour autrui.

LE DÉFI DES ÉPÉES

Qu'allez-vous faire si vous êtes perdant ?

POSITION RENVERSÉE

La carte représente toujours des conflits et des mésententes mais amoindris ou retardés. Souvenez-vous-en, même si vous pouvez les éviter et vous en éloigner facilement. Il vous suffira de ne pas vous impliquer personnellement dans le conflit.

SAGESSE BOHÉMIENNE

Tout le monde aime la justice... dans les affaires des autres.

28

INDICATION GÉNÉRALE

C'est une carte de chance. Elle atténue toutes les cartes négatives situées près d'elle et renforce celles qui sont positives.

29 La Flamme

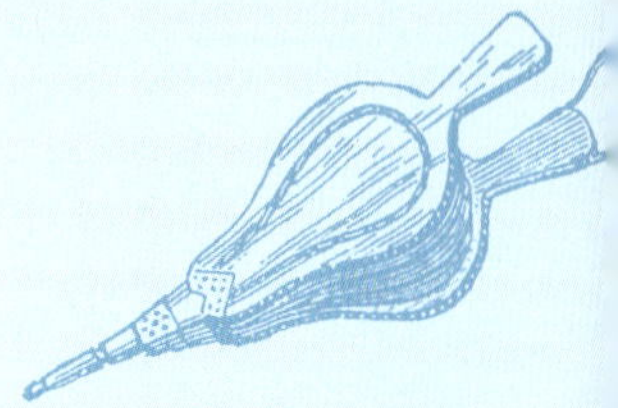

SYMBOLISME

Sur cette carte, un bon feu rougeoyant ronfle dans une cheminée. À droite on distingue des bûches – feu potentiel. La Flamme chauffe et éclaire la pièce, et la fumée s'échappe par le conduit.

Le feu symbolise le courage, la passion, la force, la bravoure et l'énergie. La Flamme unit la terre et l'air – la passion et l'intellect. Comme l'Épée (carte 28), la Flamme est active, et même agressive, donc masculine. Le pouvoir de la Flamme possède lui aussi un aspect positif et un aspect négatif. Le feu est source de chaleur et de lumière. Sa découverte et son usage sont ce qui différencie les hommes des animaux. Le revers est qu'il représente aussi une force terrible et destructrice. Dans le cas de feux de forêt provoqués par la foudre ou d'incendies causés par accident ou malveillance, les flammes détruisent tout, ne laissant que des cendres derrière elles. Cette énergie redoutable est à l'image de la transformation perpétuelle qui se produit dans la nature comme dans la vie de chacun. La Flamme représente l'éternel changement.

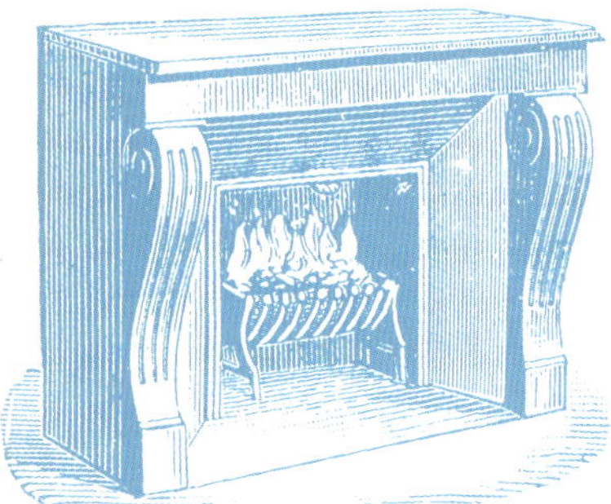

DIVINATION

Lames du tarot : La série des Bâtons ou des Trèfles

Mot-clef : Énergie

Signification : Vous mettez trop de passion dans cette affaire, ou alors vous devez vous enflammer pour elle. Cette carte est synonym de passion, d'énergie et de volonté de puissance pour obtenir de grands résultats. Elle indique aussi le changement. Peut-être la situation mérite-t-elle d'être réactivée ? Ou alors, si vous ne parvenez pas à vous y intéresser, cessez d'y consacrer de l'énergie. Vous vous épuiseriez pour rien.

LE DÉFI DE LA FLAMME

À quelle distance du feu dois-je me mettre pour être le plus confortable ?

POSITION RENVERSÉE

Méfiez-vous de la passion brûlant Préférez doser vos émotions afin que les flammes n'échappent pas à votre contrôle.

SAGESSE BOHÉMIENNE

Il faut parfois brûler ses vêtement pour se débarrasser de ses puces.

29

INDICATION GÉNÉRALE

C'est une carte de chance qui annonce très tôt un heureux mariage et une vie de famille harmonieuse.

30 Le Cœur

SYMBOLISME

Ce cœur est d'un rouge cramoisi. De lui émane une lumière mystique, magique, merveilleuse, miroitante et irisée. En Inde traditionnelle, comme dans la mystique New Age, le chakra du cœur est une sorte de roue ou de boule d'énergie logée au centre de la poitrine. C'est le chakra central qui gouverne les émotions et les relations affectives. En lui résident aussi la conscience et la sagesse divine. De même que nos croyances religieuses nous disent d'écouter Dieu dans nos cœurs, on peut s'en remettre à notre conscience, aux muses, au divin ou à notre propre être spirituel.

Le Cœur est le symbole de nos sentiments, de nos émotions et, par extension, de nos relations amoureuses. Quand cette carte sort dans un jeu, on sait qu'il est question de problèmes sentimentaux, ou qu'il va falloir explorer les motivations émotionnelles profondes, en laissant de côté les données purement intellectuelles.

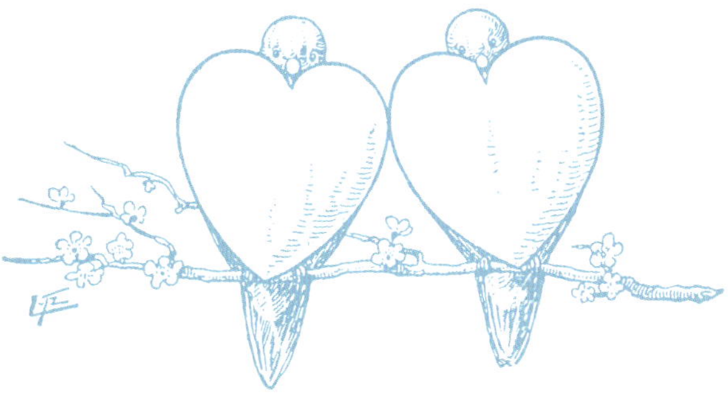

DIVINATION

Lames du tarot : La série des Coupes ou des Cœurs

Mot-clef : Vérité du cœur

Signification : Écoutez très attentivement votre cœur, et moins votre tête ou intellect. C'est la vérité de votre cœur, ce que vous voulez vraiment, ce que vous êtes et ce dor vous avez besoin, et aussi qui vous aimez. Le temps est venu de répandı de l'amour et d'entamer une relatior sentimentale. Osez aimer, prendre soin de l'autre, et considérez le fait de donner comme votre récompense Suivez votre cœur car il sait quel chemin emprunter. Cette carte évoque aussi les meurtrissures du passé, causes des ressentiments et de la tristesse actuels.

LE DÉFI DU CŒUR

Qui vais-je aimer aujourd'hui ?

POSITION RENVERSÉE

Quelque chose vous empêche d'entendre vos désirs profonds et votre sagesse intérieure. C'est une mise en garde : protégez votr cœur et gardez-le du mal.

SAGESSE BOHÉMIENNE

Quand le ventre est plein, le cœur est content.

30

INDICATION GÉNÉRALE

Une rencontre imminente et un heureux mariage en vue.

31 Cupidon

SYMBOLISME

Un angelot arme un arc avec une flèche. Des nuées célestes à l'arrière-plan indiquent que Cupidon vient du ciel. Il n'appartient pas à ce monde, bien que ses petits pieds touchent le sol l'espace d'un instant.

Cupidon est l'ange machiavélique qui nous soumet à la tentation en nous donnant ce que nous croyons désirer, non seulement sous la forme d'un partenaire amoureux, mais aussi sous forme d'argent, de biens matériels, de gloire et de réalisations. Cette carte souligne la différence entre la fatuité et l'amour, la satisfaction et l'avidité, l'appréciation et l'envie. Cupidon est-il un ange envoyé pour nous aider ou un méchant lutin tentateur ?

Quand cette carte sort, tout comme l'Amoureux du tarot traditionnel, on sait que l'on doit choisir. Touché par la flèche de Cupidon, on se sent obligé d'obéir à la pulsion amoureuse. Mais il est toujours possible de choisir entre l'amour et la luxure, entre ce qui est bon aujourd'hui et ce qui sera bien à long terme. Tout se paie.

DIVINATION

Lame du tarot : 6 l'Amoureux

Mot-clef : Désir

Signification : La carte de Cupidon vous invite à bien étudier les différents choix. Vous croyez que vous êtes amoureux mais peut-être vous êtes-vous seulement monté la tête à propos de cette nouvelle idylle, de cette proposition, ou de cet objet que vous mourez d'env d'acheter. Est-ce ce qu'il y a de meilleur pour votre âme et votre m profond, ou bien cela ne fera-t-il que satisfaire les lubies passagères de votre esprit capricieux ?

LE DÉFI DE CUPIDON

Dois-je préférer comme nourriture du bon riz complet ou des truffes en chocolat ?

POSITION RENVERSÉE

Vous avez laissé passer la chance que vous aviez de choisir. Vous av trop tardé et on a choisi pour vou Certes, il vous appartient de ne pa prendre de décision mais vous n'e demeurez pas moins responsable des conséquences de ce choix.

SAGESSE BOHÉMIENNE

L'amour pénètre chez l'homme par les yeux, et chez la femme par les oreilles.

31

INDICATION GÉNÉRALE

Une surprise se prépare. Si cette carte sort du côté sombre des Nuages (carte 20), vous connaîtrez une déception.

32 L'Éclair

SYMBOLISME

Un éclair effrayant zèbre d'abord les gros nuages blancs puis les lourds et noirs cumulonimbus avant de toucher le sol. On peut presque entendre le grondement sourd du tonnerre qui suit généralement ces éclairs impressionnants, ainsi que la pluie qui commence à tomber et à tout détremper.

L'Éclair symbolise un bouleversement soudain et radical dans notre vie, notre quotidien, notre vision du monde ou notre environnement. Il faut d'ailleurs souvent quelque chose d'aussi violent pour que notre façon de penser opère un tel changement. Heureusement, traumatisme et excitation sont surmontables et, avec le recul, nous admettons aisément que cette expérience débouche sur des choses meilleures, plus belles et plus importantes. En revanche, quand tout marche au ralenti, nous stagnons parce que nos petites habitudes ne rencontrent jamais de défi. Pendant que ces métamorphoses se mettent en place, essayez de garder à l'esprit qu'il en sortira quelque chose de meilleur. Et puis, comme l'orage, tout passe.

DIVINATION

Lame du tarot : 16 la Maison-Die[u]

Mot-clef : Bouleversement

Signification : Vous allez connaître un grand chambardement ou bien un changement majeur, soudain et inattendu. Changez vos habitude[s]. Ne laissez pas échapper les chances qui s'offrent à vous au cœur de ces bouleversements. C'est le moment de suivre vos impulsions instinctive[s] de survie, car vos anciens repères culturels vont être mis à mal, sinon complètement détruits.

LE DÉFI DE L'ÉCLAIR

Comment puis-je me préparer à l'imprévisible ?

POSITION RENVERSÉE

Dans cette position, l'éclair sort des noirs cumulus d'orage pour s'élancer vers les nuées lumineuses : le changement ne se ni soudain ni aussi sévère. Parlons plutôt de grand changement et de transformation que d'événement traumatique – un coup et non plus une électrocution.

SAGESSE BOHÉMIENNE

Le temps qu'il fait correspond rarement à celui annoncé dans l'almanach.

32

INDICATION GÉNÉRALE

Cette carte annonce une longue période de malchance.

33 Le Miroir brisé

SYMBOLISME

Un magnifique miroir avec un cadre en bois se dresse dans la lingerie. Sa glace a été brisée et semble irréparable. Dans l'ancien temps, on avait coutume de placer une tête de mort au-dessus des miroirs des dames, afin de leur rappeler que la vie et la beauté ne sont pas éternelles. Un miroir brisé est signe de malchance et même de mort.

En divination, on ne parle jamais de la mort effective d'une personne, laissant ce soin à la médecine et aux croque-morts. En revanche, le symbole de la Mort qui sort dans un jeu représente la fin nécessaire d'une étape ou d'un processus, pour progresser et atteindre le stade suivant. Cette carte indique donc une période de chagrin, d'achèvement et de flétrissure, toutes choses nécessaires et vitales au bonheur, à la croissance et la vie.

Se regarder dans un miroir brisé renvoie une image déformée et inexacte de soi. Mais on ne peut rien y faire, si ce n'est jeter le miroir et en acheter un autre.

DIVINATION

Lame du tarot : 13 la Mort

Mot-clef : Fin

Signification : Le Miroir brisé annonce la fin d'une période de votre vie, étape nécessaire pour continuer à progresser. Faites vos valises et mettez-vous en quête de nouveauté, ou bien acceptez cette perte et accordez-vous du temps pour faire le deuil avant de remonter la pente. Les rênes du pouvoir et des responsabilités passent entre les mains de la génération suivante. Songez à recycler les leçons que vous avez apprises au lieu de tout jeter aux ordures, bien qu'il ne soit pas inutile de se défaire de ce qui n'est plus d'aucune utilité.

LE DÉFI DU MIROIR BRISÉ

Qu'est-ce qui, pour moi, est termin

POSITION RENVERSÉE

Le Miroir brisé à l'envers suggère q l'affaire n'est pas terminée. Il reste un espoir de sauver certaines chose mais il est fort probable que c'est l début de la fin. Les deux parties devront dépenser beaucoup d'énerg pour panser toutes les blessures.

SAGESSE BOHÉMIENNE

Les morts n'ont plus de dettes.

33

INDICATION GÉNÉRALE

C'est la carte du voyage. Si la porte ouverte du Coffre-fort (carte 36) regarde la carte du Train, ce déplacement ne sera pas vraiment une réussite dans le domaine financier.

34 Le Train

SYMBOLISME

Une longue file de wagons s'étire depuis l'horizon derrière une grosse locomotive noire à vapeur qui semble foncer droit sur nous. De la vapeur s'échappe par une cheminée vers le ciel et du dessous de la locomotive. Le train circule sur des rails de chemin de fer posés sur des traverses en bois. Le convoi s'engage dans une courbe mais ne ralentit pas sa course.

Le train symbolise le progrès, depuis la révolution industrielle où il est né jusqu'à l'âge de l'informatique. Nous subissons les secousses du Train comme les bouleversements technologiques qui transforment notre existence. Le Train nous entraîne et, pour ce voyage, nous pouvons très bien nous laisser transporter sans nous soucier de la destination finale ou des gares qui défilent. Cette carte insiste donc sur l'importance de monter dans le bon train et de décider de notre destination : gardons le contrôle de notre destinée. En revanche, souvenons-nous que nous avons toujours la possibilité de faire arrêter le Train, de descendre et de rentrer à la maison.

DIVINATION

Lame du tarot : 7 le Chariot

Mot-clef : Contrôle

Signification : Cette carte positive indique que vous êtes en route et que vous tenez les rênes de votre vie. Elle annonce aussi un voyage d'affaires, ou de nombreux déplacements en général. C'est une carte bénéfique pour le travail : votre carrière prend un bon essor. La période est propice à l'autodisciplin au quotidien, à la prise en charge d soi et des autres. Il faut bouger : avancer ou reculer, à vous de choisi

LE DÉFI DU TRAIN

Où vais-je ainsi ?

POSITION RENVERSÉE

Les roues en l'air, le Train semble grimper une colline et le poids à transporter rend la locomotive poussive. Cela signifie que vous ave tendance à reculer de plusieurs pas dès lors que vous avez avancé un pied. Or vous devez continuer de progresser. Ne laissez pas les nuage de vapeur obscurcir l'horizon de vot vie, de votre but ou de votre travail

SAGESSE BOHÉMIENNE

Tous les hommes ne ressemblent pa des arbres ; certains doivent voyage car ils ne peuvent pas rester en plac

34

INDICATION GÉNÉRALE

Si le consultant est célibataire, cette carte annonce un heureux mariage. S'il est marié, il y aura un mariage parmi ses amis.

35 La Fiancée

SYMBOLISME

Une belle jeune femme se repose sur un divan près d'un lac. Elle est vêtue de blanc de la tête aux pieds et tient à la main une rose rouge. Elle porte une autre rose rouge à son corsage. Elle sourit de bonheur et d'amour tandis qu'elle lit une lettre de son fiancé. Cette carte est comparable à la Lettre (carte 13) mais ici la jeune femme est très heureuse et satisfaite de ce qu'elle lit. Elle ne nourrit aucun doute sur le contenu de la lettre ou sur son auteur. C'est une lettre qu'elle gardera et chérira.

La Fiancée est un symbole d'espoir pour tout ce qui concerne la vie familiale et les bonnes relations. Elle nous rend heureux de ce que nous avons et plein de gratitude pour les bénédictions que nous avons reçues.

La rose rouge est le symbole de l'amour passion qui dure, bien que la rose elle-même se fane. Comme la lettre qu'elle est en train de lire, la jeune femme gardera la rose rouge comme symbole d'amour de son bien-aimé.

DIVINATION

Lame du tarot : 10 de Coupe

Mot-clef : Espoir

Signification : Vous pouvez espérer et vous réjouir. C'est une carte formidable qui annonce un mariage ou une grande passion. Vous allez recevoir une invitation ou même un proposition de mariage. Vos grandes attentes ne seront pas déçues car l'avenir vous est favorable. Réussite et satisfaction pour tous les désirs de votre cœur. Anticiper ajoute du piment aux plaisirs d'une relation sentimentale : par conséquent, pas de précipitation et prenez le temps de savourer ce qui vous est donné.

LE DÉFI DE LA FIANCÉE

Comment puis-je atteindre à la vraie réussite ?

POSITION RENVERSÉE

L'espoir de réussir n'est plus d'actualité. Ne comptez plus sur le succès même s'il est encore possibl quoique repoussé. Dans la situation actuelle, il ne sert à rien d'espérer e le plaisir d'anticiper se transforme e amertume. Réexaminez la situation

SAGESSE BOHÉMIENNE

Un bon mari doit être en parfaite santé et... loin de la maison.

35

INDICATION GÉNÉRALE

C'est la carte de l'argent. Si la porte fermée du Coffre-fort sort du côté du sujet, ses affaires financières seront prospères. Sinon, il y aura des pertes d'argent.

36 Le Coffre-fort

SYMBOLISME

Un gros sac, marqué d'un dollar, est suspendu au-dessus d'un coffre-fort vert dont un battant de porte est ouvert. Le sac brille et rayonne : c'est la promesse de l'or et des richesses qu'il contient. Beaucoup de choses se trouvent dans le coffre-fort : des bijoux, des actions, des titres de propriété, des lingots d'or et d'argent. La porte ouverte représente l'art de mettre des valeurs en sûreté. Le fait d'enfermer de l'argent et des valeurs dans un coffre-fort nous donne un sentiment de sécurité, de prospérité. D'autres biens tout aussi précieux pourraient être la santé et le bien-être qui, eux aussi, contribuent à nous donner la sensation d'être en sécurité. Nous rattachons l'argent à l'élément Terre, parce que c'est ce qui nous soutient et nous nourrit. Mais nous ne pouvons pas manger de billets de banque. En revanche, nous pouvons nous en servir pour acheter à manger ou un terrain pour y cultiver de quoi nous nourrir. Autre trésor précieux que nous avons sauvegardé dans le tréfonds de notre mental et de nos gènes : la sagesse et les qualités de nos ancêtres. Le Coffre-fort nous invite à chérir et à prendre soin de toutes nos possessions.

DIVINATION

Lames du tarot : La série des Deniers (ou Pentacles) et des Carreaux

Mot-clef : Prospérité

Signification : Le Coffre-fort indiqu la santé, la richesse et la permanenc Vous avez tout pour être heureux et réussir. Vous pouvez vous risquer à un nouveau travail, faire un investissement ou vous offrir ce que vous avez toujours désiré. Dites-vou que vous n'êtes qu'un maillon de la chaîne et rendez hommage à la sagesse de vos ancêtres. Prenez soir de ce que vous avez et ce que vous possédez prendra soin de vous.

LE DÉFI DU COFFRE-FORT

En quoi la prospérité peut-elle devenir un obstacle ?

POSITION RENVERSÉE

Il y a risque de maladie. Ce qui, pensiez-vous, allait durer et vous protéger à jamais, se révèle caduc. Vous avez mal compris vos aïeux. L'argent s'échappe du coffre-fort et s'évanouit dans la nature. Recherch la fuite – les dépenses excessives. I serait temps de réviser votre budge

SAGESSE BOHÉMIENNE

Quand on lui offre un royaume, le bohémien demande où il trouve du pain.

36
99.9
FINE
GOLD
19154
88

INDEX

Les numéros de page en italique renvoient aux légendes

BIBLIOGRAPHIE

DIMITRIADIS, Dicta, *Mademoiselle Lenormand, voyante de Louis XVI à Louis-Philippe*, L'Harmattan, 1999.

TIBERGHIEN, Anne-Sophie, en coll. avec Samantha Dimitri, *Tzigane mon ami*, L'Harmattan, 1989.

KOUZNETSOVA, Lialia, *Tziganes*, Marval, 1990.

LENORMAND, Marie-Anne, *Souvenirs prophétiques d'une sibylle* (14 vol), 1814 ; *Souvenirs de Belgique*, 1822 ; *Mémoires historiques et secrets de l'impératrice Joséphine*, 1827 ; *Dernières prophéties*, commentaires d'Hortensius Flamet, 1843 ; *Grand jeu de société et pratiques secrètes* (5 vol.), publié en 1845, soit deux ans après sa mort, d'après ses manuscrits.

Sites web sur la sagesse tzigane :
www.tarotgoddess.net
www.romani.org
www.gypsyloresociety.org
www.gypsyblues.com

CRÉDITS

Les éditeurs tiennent à remercier tout particulièrement Charles Walker pour les clichés photographiques qui illustrent les pages 7 (en bas à droite), 8 (en haut à gauche) et 9 (en bas à droite).

Toutes les autres illustrations appartiennent, quant au copyright, aux éditeurs, sauf erreurs ou omissions involontaires pour lesquelles nous ne pourrions que présenter toutes nos excuses.